Adele Landauer

30 Minuten

Charisma & Charme

W0071879

Bibliografische Information der Deutschen Bibliothek

Die Deutsche Bibliothek verzeichnet diese Publikation in der Deutschen Nationalbibliografie; detaillierte bibliografische Daten sind im Internet über http://dnb.d-nb.de abrufbar.

Umschlaggestaltung: die imprimatur, Hainburg
Umschlagkonzept: Martin Zech Design, Bremen
Lektorat: Hille & Schäfer, Freiburg
Satz: Zerosoft, Timisoara (Rumänien)
Druck und Verarbeitung: Salzland Druck, Staßfurt

© 2003 GABAL Verlag GmbH, Offenbach
5., überarbeitete Auflage 2011

Hinweis:
Das Buch ist sorgfältig erarbeitet worden. Dennoch erfolgen alle Angaben ohne Gewähr. Weder Autor noch Verlag können für eventuelle Nachteile oder Schäden, die aus den im Buch gemachten Hinweisen resultieren, eine Haftung übernehmen.

Printed in Germany

978-3-86936-305-9

In 30 Minuten wissen Sie mehr!

Dieses Buch ist so konzipiert, dass Sie in kurzer Zeit prägnante und fundierte Informationen aufnehmen können. Mithilfe eines Leitsystems werden Sie durch das Buch geführt. Es erlaubt Ihnen, innerhalb Ihres persönlichen Zeitkontingents (von 10 bis 30 Minuten) das Wesentliche zu erfassen.

Kurze Lesezeit
In 30 Minuten können Sie das ganze Buch lesen. Wenn Sie weniger Zeit haben, lesen Sie gezielt nur die Stellen, die für Sie wichtige Informationen beinhalten.

- Alle wichtigen Informationen sind blau gedruckt.

- Schlüsselfragen mit Seitenverweisen zu Beginn eines jeden Kapitels erlauben eine schnelle Orientierung: Sie blättern direkt auf die Seite, die Ihre Wissenslücke schließt.

- *Zahlreiche Zusammenfassungen innerhalb der Kapitel erlauben das schnelle Querlesen.*

- Ein Fast Reader am Ende des Buches fasst alle wichtigen Aspekte zusammen.

- Ein Register erleichtert das Nachschlagen.

Inhalt

Vorwort

Jeder Mensch besitzt Charisma. Meist ist es allerdings verschüttet – unter der Last des Alltags fokussieren wir uns lediglich auf Inhalte und Argumente. Diese machen aber nur einen verschwindend geringen Teil unserer Wirkung aus.

Kinder, die ganz im Spiel versunken sind, lachen, tanzen, weinen oder sich voller Aufmerksamkeit einem Gespräch widmen, besitzen eine unglaubliche Ausstrahlung – auch wenn dieser authentische Selbstausdruck unbewusst ist. Die meisten von uns Erwachsenen haben diese Strahlkraft verloren und zwar spätestens, seit man in der Schule über viele Jahre hinweg die „Kunst" des Selbstzweifels gelernt hat. Doch die gute Nachricht lautet: Genauso, wie wir das Zweifeln an uns selbst, an unserem Ausdruck und Handeln gelernt haben, können wir es auch wieder verlernen.

Wie man zu der Einheit aus Fühlen, Denken und Handeln und damit zu seiner ursprünglichen Natürlichkeit zurückkehren kann, ist das zentrale Thema, mit dem ich mich ein ganzes Arbeitsleben lang intensiv beschäftigt habe. Als Schauspielerin erlernte ich die Techniken des professionellen Selbstausdrucks und als Schauspieldozentin gab ich diese an meine Schauspielschüler weiter.

Ich wunderte mich oft, weshalb diese Techniken in anderen Berufen kaum angewendet werden. Deshalb entwickelte ich *ManageActing*®, eine Art Schauspieltraining, zugeschnitten auf die Bedürfnisse des modernen Managements. In der heutigen Zeit sind nicht nur Schauspieler oder Entertainer auf diese Techniken angewiesen, um sich erfolgreich in der Öffentlichkeit zu behaupten – fast jeder muss heute seinen Schreibtisch verlassen und öffentlich auftreten. Solche öffentlichen Situationen sind zum Beispiel:

- ein Kundengespräch,
- eine Präsentation vor einer relativ kleinen Gruppe von Menschen,
- ein Vortrag vor Hunderten von Zuhörern
- oder gar ein Expertenstatement in einer Talkshow, die im Fernsehen ausgestrahlt wird.

Auf derartige Anlässe bereiten sich die meisten lediglich inhaltlich vor. Dabei ist mittlerweile bekannt, dass der Inhalt unserer Worte nur zu 7 % dafür verantwortlich ist, wie wir auf unsere Mitmenschen wirken. 55 % unserer Wirkung entfallen auf unsere Körpersprache und 38 % auf die Stimme.

Als Charisma-Coach unterstütze ich meine Klienten darin, ihre einzigartige Persönlichkeit wiederzuentdecken, die Besonderheiten ihres Wesens zu entfalten und damit dem eigenen Charisma auf einer höheren, nunmehr bewussten Stufe neue Kraft zu verleihen.

30 MINUTEN

Wissen Sie, was Charisma eigentlich ausmacht?

Kennen Sie die drei Ebenen des Charismas?

Sind Sie sich bewusst, dass bereits die ersten Sekunden entscheiden, wie Sie auf andere Menschen wirken?

1. Die Magie des ersten Augenblicks

Stellen Sie sich vor, ein Unbekannter betritt einen gut gefüllten Raum und sofort sind alle Blicke auf ihn gerichtet. Die Gespräche verstummen, jeder stößt seinen Nachbarn an und sagt: „Sieh mal, wer da kommt, was für eine interessante und sympathische Erscheinung!" Und wenn derjenige nun noch mit wohlklingender Stimme ein paar Worte an die Umstehenden richtet, sind alle von seiner Ausstrahlung bzw. seinem Charisma fasziniert.

Dabei ist der Inhalt seiner Worte überhaupt nicht entscheidend. Es ist viel mehr die Art und Weise, **wie** dieser Mensch den Raum betritt, **wie** er sich umschaut, **wie** er geht und steht, **wie** er sich hinsetzt und **wie** er etwas sagt. Nicht der Inhalt, sondern die so genannten non-verbalen Signale sind für seine Präsenz und Wirkung verantwortlich.

> Im Zentrum des Charismas steht weniger das **Was**, entscheidend ist vielmehr das **Wie**!

Sicher kennen Sie die landläufige Meinung: Charisma hat man oder man hat es nicht. Dies impliziert, dass Charisma etwas ist, das durch einen Menschen hindurchstrahlt, eine ganz besondere Ausstrahlung, die man nicht trainieren kann und die einem unter Umständen selbst auch gar nicht bewusst ist.

Charisma bedeutete bei den alten Griechen „Gnadengeschenk". Ein Gnadengeschenk ist natürlich nicht erlernbar, sondern es wird einem, wie der Name schon sagt, geschenkt.

Dennoch kann man durch Bewusstheit und spezielles Training auch etwas dafür tun, um seine Ausstrahlung, seine Präsenz und damit sein Charisma zu erhöhen. Zu der Zeit, als ich noch Schauspieler ausbildete, war ich oft sehr erstaunt, wie schnell sich Menschen verändern, einfach nur dadurch, dass sie entscheidende Techniken erlernen und alte Gewohnheiten aufgeben. Auf diese Weise entfalten sie etwas Besonderes und Einzigartiges.

Wie Sie sich vorstellen können, ist auch ein Theaterschauspieler nicht jeden Abend gleichermaßen in der Stimmung, Hunderte von Menschen zu begeistern. Vielleicht hat er kurz vor der Vorstellung etwas Unangenehmes erlebt, sich mit dem Ehepartner gestritten, vom Tod eines geliebten Menschen erfahren oder er fühlt sich einfach nur müde, ausgepowert oder krank. Doch ein altes Theatergesetz lautet: „Der Lappen muss hochgehen, um jeden Preis". Dazu benötigt er aber eine bestimmte Technik, ein Handwerk, das ihn befähigt, jeden Abend aufs Neue sein Publikum nicht nur zu erreichen, sondern darüber hinaus auch zu faszinieren.

1.1 Die drei verschiedenen Ebenen des Charismas

In einem kreativen Gespräch mit meinem Trainerkollegen und Freund Alexander Christiani stießen wir auf ein seit dem Altertum bestehendes System, das von Erich Fromm und Ken Wilber wiederbelebt und das seitdem auf viele Bereiche angewendet wird. Wir waren der Meinung, dass dieses System eine Antwort auf die Frage gibt, ob Charisma nur ein Gnadengeschenk darstellt, ob es erlernbar ist oder ob es jemand erhält, wenn er im Zentrum der Öffentlichkeit steht.

Nach diesem System existieren ein Charisma des Seins, ein Charisma des Tuns und ein Charisma des Habens:

Charisma des Seins

Charisma des Tuns   Charisma des Habens

Das Charisma des Seins

Menschen, die das Charisma des Seins besitzen, wurde es als besondere Begabung mitgegeben. Sie müssen nichts dafür tun, um in jeder größeren Gruppe sofort als etwas Besonderes erkannt zu werden. Egal, in welchem sozialen oder beruflichen Umfeld sie sich befinden, ob während einer Tagung von Führungskräften oder auf der Straße unter Obdachlosen – ihre spezielle Ausstrahlung fällt sofort jedem auf.

Einer der Gründe dafür ist der, dass diese Menschen einen direkten Zugang zu ihren Gefühlen haben und sich in vollkommener Harmonie mit ihrem Denken, Fühlen und Handeln befinden. Berühmte Vertreter solcher Menschen sind zum Beispiel der Dalai Lama, Nelson Mandela, Mahatma Gandhi und Martin Luther King.

Doch das Charisma des Seins kann man im Laufe des Lebens durchaus entwickeln, vor allem durch bewusstes Wahrnehmen und Ausdrücken unserer Gefühle, Einsichten in die Strukturen und Landschaften unserer Seele, Persönlichkeitsentwicklung und Öffnung unserer Wahrnehmungskanäle.

Das Charisma des Tuns

Das Charisma des Tuns ist trainierbar. Die Sprache unseres Körpers ist etwas sehr Individuelles und Intimes. Durch gezieltes Training können wir eine zentrierte Haltung und zu uns passende Gesten schulen, sodass wir jederzeit sicher und souverän wirken.

Durch professionelle Sprechtechnik können wir unsere

Stimme angenehm klingen lassen und deutlich artikulieren. Wir wissen alle, dass eine, aus einem zu engen Hals gepresste Stimme kalt und abweisend erscheint, eine überhöhte Stimmlage unangenehm klingt und eine vernuschelte Artikulation nicht sehr intelligent wirkt.

Die individuelle Sprache unseres Körpers und die Eigenschaften unserer Stimme sind – wie bereits eingangs erwähnt – maßgeblich für unsere Wirkung auf andere Menschen verantwortlich. Sie können mithilfe von Techniken geschult werden, die man zum Beispiel an der Schauspielschule vermittelt bekommt, um unabhängig von der eigenen Befindlichkeit sein Publikum verlässlich zu erreichen.

Das Charisma des Habens

Bei dem Charisma des Habens handelt es sich um besondere Privilegien, die einem Menschen von außen zugebilligt werden, ohne dass der Begünstigte besonders viel dafür tun muss. Zu solchen Privilegien zählen beispielsweise eine hohe berufliche oder gesellschaftliche Stellung. Heutzutage sind es jedoch in erster Linie die Medien, die den Menschen ins Zentrum der Aufmerksamkeit rücken. Einer Person, die laufend in der Presse erwähnt wird oder ständig im Radio und Fernsehen präsent ist, wird von der Öffentlichkeit automatisch ein hohes Maß an Wichtigkeit zugestanden. Das muss nicht unbedingt etwas mit der Qualität ihres Könnens und ihrer tatsächlichen Ausstrahlung zu tun haben. Dennoch wird sie auf Grund der ihr entgegengebrachten großen Aufmerksamkeit für die Masse der Menschen charismatisch erscheinen.

Doch wenn die Person diesen Bonus nicht nutzt und an sich selbst und ihrem Können arbeitet, wird sie in unserer schnelllebigen Zeit genauso rasch wieder „weg vom Fenster" sein, wie sie zunächst hochgepusht worden war. Eine Verona Feldbusch beispielsweise hat das Charisma des Habens genutzt, während die Slatkos dieser Welt sehr schnell wieder von der Bildfläche verschwinden.

Charisma des Seins, von den Griechen „Gnadengeschenk" genannt, besitzen solche Menschen, die sich in völligem Einklang mit ihrem Denken, Fühlen und Handeln befinden.

Das Charisma des Tuns ist trainierbar. Hierfür kann man die Techniken und kleinen Tricks anwenden, die einen Schauspieler dazu befähigen, sein Publikum jeden Abend, unabhängig von der eigenen Befindlichkeit, aufs Neue zu faszinieren.

Das Charisma des Habens wird einem Menschen von außen, z.B. durch die Medien, zugebilligt, ohne dass er dieses Charisma von Natur aus tatsächlich besitzt.

1.2 Für den ersten Eindruck gibt es keine zweite Chance

Die Gültigkeit des bekannten Ausspruchs „Für den ersten Eindruck gibt es keine zweite Chance" konnte in vielen wissenschaftlichen Untersuchungen nachgewiesen werden.

Gnadenlose Bewertung

Bereits in den ersten Sekunden, in denen wir einem uns unbekannten Menschen begegnen, fällen wir ein Gesamturteil über ihn. Unglaublich, aber wahr: „Zwischen 150 Millisekunden (weniger als ein Sechstel einer Sekunde) und 90 Sekunden dauert im Normalfall ein Rundum-Check. Dann steht das Urteil" (Titelgeschichte des Magazins Focus, 25/02).

Blitzschnell scannen und bewerten wir unser Gegenüber und setzen Aussehen, Mimik, Gang, Geruch und Stimme zu einem Gesamtbild zusammen. Die ersten Bewertungskriterien sind: Alter, Geschlecht, Attraktivität. Dann entscheiden wir, ob uns unser Gegenüber sympathisch ist oder ob wir ihn/sie als unsympathisch abstempeln.

Nicht auf Grund des Inhalts der Worte, sondern infolge der Sprechweise entscheiden wir, ob ein Mensch klug ist. Artikuliert unser Gesprächspartner sauber und flüssig, bewerten wir ihn als intelligent und gestehen ihm eine große Geisteskraft zu. Sein Aussehen ist uns dafür nahezu unwichtig.

Da wir heutzutage täglich auf viele Menschen treffen, die wir noch nie zuvor gesehen haben, stellen wir uns jedesmal sofort unbewusst zwei Fragen:

- Wie schätze ich den anderen ein?
- Wie wirke ich auf den anderen?

Auch hier kommt es nicht darauf an, was wir sagen. Einhundert Millionen Nervenzellen arbeiten daran, damit wir bereits nach einer Sekunde entscheiden können, ob die Person vertrauenswürdig, kompetent, hilfsbereit, souverän, nervös oder dumm ist.

 Begegnen wir einem uns unbekannten Menschen, scannen wir ihn blitzschnell in Bruchteilen von Sekunden. Besonders achten wir auf Aussehen, Mimik, Gang, Geruch und Stimme.

Das dominante Signal hat das stärkste Gewicht

Damit wir diese Fülle an Informationen rationeller verarbeiten können, unterziehen wir unsere Eindrücke einer Bewertung. Der dominantesten Information vertrauen wir zuerst – diese ist ausschlaggebend für den ersten Eindruck.

Oft sind die ausgesendeten Signale nicht eindeutig und zunächst nicht klar zu beurteilen und zu bewerten. Ein dominantes Signal kann dagegen alle anderen Signale überstrahlen. Demnach kann ein optisch sogar schöner Mensch durch eine schlaffe Körperhaltung oder eine zu hohe oder gepresste Stimme den Betrachter dazu verleiten, diese Person als lasch bzw. überspannt einzuordnen.

Eindeutige Signale und starke Akzente

Wer dagegen überhaupt keine Signale aussendet, wird sehr schnell als uninteressant und langweilig eingestuft. Das Gehirn benötigt zu lange, um sich ein Bild machen zu können. Gelangweilt wenden wir uns von einer solchen Person ab und anderen Reizen zu.

Kommt uns das nicht allen bekannt vor? Ein monotoner Redner, der lieber mit seinen Aufzeichnungen spricht, als seine Botschaft mit Begeisterung an seine Zuhörer zu adressieren, wird sich unserer Aufmerksamkeit kaum über einen längeren Zeitraum gewiss sein können. Selbst wenn uns das Thema brennend interessiert: Setzt der Redner keine starken Akzente, unterstreicht er das Gesagte nicht mit passenden körpersprachlichen Gesten und moduliert er nicht mit seiner Stimme, wird unser Geist allmählich vom Thema abschweifen und sich dem zuwenden, was in dem Fall interessanter ist, beispielsweise optischen Reizen im Raum oder den eigenen Gedanken.

Die drei verschiedenen Ebenen des Charismas (Sein, Tun und Haben) implizieren, dass Charisma *sowohl ein Gnadengeschenk ist, als auch durch Bewusstheit und spezielle Übungen trainiert und mittels Ansehen und Medien erhöht werden kann. Für den ersten Eindruck gibt es keine zweite Chance: Bereits in den ersten Sekunden entscheiden wir, ob wir unser Gegenüber als sympathisch, vertrauenswürdig, inkompetent, uninteressant oder überzeugend bewerten. Das dominanteste Signal überstrahlt dabei alle anderen Signale und ist verantwortlich für den Gesamteindruck.*

30 MINUTEN

Kennen Sie den Schlüssel für Präsenz und Ausstrahlung?
Seite 19

Wissen Sie, wie Sie mit einigen leichten Übungen Ihre Wahrnehmung verbessern können?
Seite 22

Ist Ihnen bewusst, dass für eine erfolgreiche Präsentation oft nur eine einzige Entscheidung ausreicht?
Seite 29

2. Einheit von Körper, Seele und Geist

Erkunden wir nun eingehender das Charisma des Seins, d. h. die Präsenz, die wir ohne großes Zutun ausstrahlen. Es entsteht, wenn wir unsere Gefühle zulassen und ausdrücken und im Einklang mit unserem Denken, Fühlen und Handeln sind.

Ein Musiker berührt uns mit seiner Musik nicht, wenn er nur sein Instrument beherrscht. Auch seine Gefühle müssen in seiner Musik mitschwingen – sonst sind wir höchstens beeindruckt, wie versiert er spielt, aber wirklich tief bewegen kann er uns nicht. Genauso können wir mit bestimmten Techniken unser „Instrument" – Körper und Stimme – trainieren. Zuerst müssen wir allerdings wieder mit unseren Gefühlen in Verbindung zu treten: Unser Instrument muss fähig sein, nicht nur den Inhalt unserer Botschaft, sondern auch unsere Gefühle auszudrücken. Dadurch wird Ihr Charisma des Seins gesteigert und Sie liefern Ihren Mitmenschen nicht nur trockene Informationen, sondern rühren sie auch tief im Herzen an – selbst bei einem sachlichen Fachvortrag.

2.1 Einheit von Denken, Fühlen und Handeln

Es reicht nicht aus, sich lediglich inhaltlich auf ein Gespräch oder eine Präsentation vorzubereiten. Um Ihre Präsenz zu intensivieren und Ihre Gefühle auszudrücken, müssen Sie wieder lernen, sich selbst und Ihre Umwelt wirklich wahrzunehmen. Wahrnehmen hat hier weniger mit Denken oder inhaltlichen Formulierungen zu tun, sondern eher mit Hineinfühlen, Spüren, Zulassen.

Wahre Gefühle können nicht hergestellt, sie können nur zugelassen werden. Indem Sie wieder stärker wahrnehmen, erhöhen sich Ihre Aufmerksamkeit und Ihre Bewusstheit. Jeder Mensch, der eine starke Ausstrahlung besitzt, führt seine Handlungen ganz bewusst aus und nimmt auch sämtliche Vorgänge in seiner Umgebung bewusst wahr.

Kongruenz von Intellekt und Ausdruck

In unserer technisierten Welt liegt der Fokus hauptsächlich auf Inhalt, Intellekt, Logik, Rationalität und Effizienz. Diese Fähigkeiten werden der linken Gehirnhälfte zugeordnet, mit der wir unsere Welt rational und logisch erfahren.

Um aber unsere Mitmenschen mit Charisma, Herz und Humor zu überzeugen, spielen auch Qualitäten der rechten Gehirnhälfte wie Empathie, Emotionalität und Kreativität eine entscheidende Rolle. Um unsere Prä-

- ich. Peddich
- Interret:
- Cartheque ?

Reden mit Leidenschaft

senz zu erhöhen und unserem Charisma neue Strahl-kraft zu verleihen, ist es wichtig, uns wieder mehr un-serer rechten Gehirnhälfte zu widmen.

Als Kinder besaßen wir einen natürlichen Charme oder vielmehr einen vollkommenen, authentischen Selbstaus-druck. Ein Kind, im Spiel versunken, hat eine nahezu grenzenlose Ausstrahlung und demzufolge eine ebenso starke Anziehungskraft. Das liegt daran, dass Kinder noch nicht auf Intellekt und Inhalt fokussiert sind, son-dern völlig in einer Sache aufgehen, sich ihr bedingungslos hingeben. Sie denken nicht nur, was sie tun – die Effizi-enz und Sinnhaftigkeit ihres Spiels ist ihnen nahezu egal – sie fühlen und empfinden es zutiefst.

An erster Stelle eines guten Spiels steht die Kreativität. Dadurch befinden sich Kinder in vollkommener Einheit mit ihrem Denken, Fühlen und Handeln – in Kongruenz von Inhalt und Ausdruck. Alles, was sie empfinden und denken, wird sofort und kongruent von ihrem Instru-ment Körper umgesetzt. Doch Kinder besitzen diese Fähigkeit noch unbewusst, sie sind noch sehr ich-zen-triert.

Im Laufe der „Ent-Wicklung" unserer Persönlichkeit ist es unerlässlich, sich mit den Eigenschaften der linken Gehirnhälfte auseinander zu setzen, den Intellekt zu schärfen, logisch denken zu lernen und effizient zu arbeiten. Und indem unsere Persönlichkeit reift, reift auch unser Charisma.

Wenn wir nun die Fokussierung auf Intellekt und Rati-onalität wieder etwas zurücknehmen, uns erneut stär-

ker unseren Gefühlen widmen und unsere Wahrnehmungen erweitern, können wir uns auf einem hohen,
nunmehr bewussten Level die Geschenke der Kindheit
zurückerobern. Die Übungen auf den folgenden Seiten
sollen Ihnen dabei helfen.

30 *Menschen mit dem Charisma des Seins befinden
sich im Einklang mit ihrem Denken, Fühlen und
Handeln. Für Ihre charismatische Erscheinung ist
demzufolge nicht nur die linke Gehirnhälfte, die
für Intellekt und Rationalität steht, verantwortlich,
sondern sehr stark auch die rechte Gehirnhälfte,
die für Gefühle und Empathie zuständig ist. Treten
Sie wieder mit Ihren Gefühlen in Verbindung, indem Sie sie zulassen und ausdrücken!*

2.2 Wahrnehmungsblockaden beseitigen

Um die Identifizierung mit dem Verstand zu lösen und
unsere Sinne zu öffnen, müssen wir unsere Wahrnehmung erweitern und zwar auf

- den Körper,
- den Raum,
- die uns umgebenden Gegenstände
- und das Gegenüber.

Richten Sie Ihre Aufmerksamkeit auf alle vier Bereiche gleichzeitig und erhöhen Sie dadurch Ihre Bewusstheit. Die folgenden Übungen sollen Ihnen dabei helfen, Ihre rechte Gehirnhälfte stärker zu aktivieren und wieder bewusster wahrzunehmen, d.h. mehr zu fühlen anstatt zu denken.

Übung: Innen und Außen; Gefühle zulassen

Schlendern Sie durch einen Park und versuchen Sie dabei, Ihre Umgebung bewusst, mit allen Sinnen, wahrzunehmen.

- Lassen Sie alle Gedanken los und öffnen Sie Ihre Sinne.
- Sehen Sie die Bäume, einzelne Blätter, die Farben, den Himmel.
- Riechen Sie den Geruch der Luft, der Pflanzen, der gesamten Umgebung.
- Hören Sie den Geräuschen zu, genießen Sie das Vogelgezwitscher.
- Spüren Sie den leichten Wind auf der Haut, den Boden unter Ihren Füßen, tasten Sie die Oberfläche der Blätter.
- Bleiben Sie stehen, schließen Sie die Augen und spüren Sie in Ihren Körper, hören und fühlen Sie tief in sich hinein.

- Öffnen Sie die Augen und widmen Sie Ihre Aufmerksamkeit wieder ganz dem Außen, Ihrer Umgebung.

- Gehen Sie ein paar Schritte und nehmen Sie mit allen Sinnen wahr.

- Nach einer Weile schließen Sie wieder die Augen und richten Ihre Aufmerksamkeit ganz nach innen.

- Wiederholen Sie den Wechsel der Wahrnehmung von Innen und Außen noch einige Male.

- Steigen Gedanken in Ihnen auf, lassen Sie sie vorbeiziehen und kehren Sie wieder zu Ihren Wahrnehmungen zurück.

Nach einigen Wiederholungen wird Ihnen auffallen, dass Ihnen der Wechsel der Aufmerksamkeit von innen (Körper) nach außen (Umwelt) immer leichter fällt, dass Ihre Wahrnehmungen immer intensiver und vielfältiger werden. Wo waren Ihre Gedanken? Waren sie überhaupt vorhanden?

Diese Übung verbindet Sie wieder mit sich selbst und mit Ihrer Umgebung. Gerade, weil Sie sich nicht Ihren Gedanken, den „Endlosschleifen" im Kopf, hingeben, finden Sie einen tiefen Zugang zu Ihren Gefühlen.

Übung: Der Raum

Erweitern Sie nun Ihre Wahrnehmung auf den Raum.

- Gehen Sie durch einen Raum und nehmen Sie ihn ganz bewusst wahr.

- Halten Sie nach Details Ausschau: Wie viele Lampen gibt es, welche Farbe haben die Wände und der Boden, wie viele Fenster sind vorhanden, wo stehen Stühle, können Sie exakt die Motive und Anzahl der Bilder wiedergeben, gibt es Pflanzen ...

Besonders bei Präsentationen ist es wichtig, sich den Raum vorher genau anzusehen und ihn mit allen Sinnen wahrzunehmen. Er wird Ihnen dadurch vertraut – und später, bei der Präsentation, werden Sie einen gewissen „Heimvorteil" empfinden. Wenn erst die vielen fremden Menschen den Raum betreten, ist es gut, bereits einen Vertrauten zu haben – den Raum.

Üben Sie auch kurz Ihren Auftritt, Ihren Gang zum Overhead-Projektor, testen Sie, wie viele Schritte Sie zum Flipchart brauchen, wie Sie mit Stiften und anderem Equipment hantieren und vergessen Sie nicht, einen bewussten Abgang zu proben.

Später, im Ernstfall, wird sich Ihr Unterbewusstsein auch unter Stress von selbst an das bereits Erprobte erinnern und Sie werden diese Handlungen umso bewusster ausführen können. Jede bewusst ausgeführte Handlung steigert Ihre charismatische Ausstrahlung um ein Vielfaches.

Übung: Requisiten; achten Sie auf die Details

Versuchen Sie auch mit den Gegenständen, die Sie tagtäglich umgeben, bewusst umzugehen. Haben Sie schon einmal Ihren Timer, den Sie jeden Tag benutzen, mit allen Sinnen wahrgenommen? Ist seine Oberfläche eigentlich rau oder glatt? Riecht er nach Leder oder nach Plastik? Ist Ihr alltäglicher Kugelschreiber nur ein Gebrauchsgegenstand für Sie oder löst er auch Gefühle in Ihnen aus? Mögen Sie ihn oder haben Sie ihn sich eigentlich noch gar nicht so richtig angesehen?

Nutzen Sie die alltäglichen Gegenstände um sich herum nicht nur funktional, sondern spüren Sie sie auch, öffnen Sie auch hier Ihre Sinne weit – dies wird Ihre charismatische Ausstrahlung verstärken.

Ihr Gegenüber

Auf Ihr Gegenüber sollten Sie ebenfalls einen großen Teil Ihrer Aufmerksamkeit richten. Dazu ist es unerlässlich, Ihren Gesprächspartner auch anzusehen. Schauen Sie ihm direkt in die Augen. Damit ist weder ein Starren, noch ein zufälliges Streifen des Gesprächspartners gemeint, sondern ein Blick von Seele zu Seele.

Die Augen wurden bereits im Altertum als „Spiegel der Seele" angesehen. Nur, wenn Sie Ihrem Zuhörer direkt und offen in die Augen schauen und Ihren Blick dort auch verweilen lassen, werden Sie ihn in der Tiefe seines Wesens erreichen.

Vor Publikum reden

Wenn Sie vor einer größeren Gruppe von Menschen reden, dann suchen Sie sich an verschiedenen Stellen im Zuschauerraum Punkte oder aufmerksame Zuhörer, die Sie abwechselnd anschauen – in den ersten Reihen, an verschiedenen Stellen im Mittelfeld und vergessen Sie die Außenseiten und die hinteren Reihen nicht.

Senden Sie Ihre Energie zu jedem Anwesenden im Raum, so können Sie sich der Aufmerksamkeit aller Zuhörer gewiss sein.

Erweitern Sie Ihre Wahrnehmungen. Nehmen Sie Ihren Körper, den Raum, in dem Sie sich befinden, und die Sie umgebenden Gegenstände mit allen Sinnen wahr. Fühlen Sie sie mehr, als dass Sie sich Gedanken darüber machen.

30

Nehmen Sie auch Ihr Gegenüber ganzheitlich wahr und sehen Sie ihm direkt in die Augen, so erreichen Sie nicht nur seinen Verstand, sondern sein ganzes Wesen.

Beziehen Sie den ganzen Raum ein. Schauen Sie Ihre Zuhörer an verschiedenen Punkten im Raum an.

2.3 Sendungsbewusstsein

Um präsentieren zu können, müssen wir uns selbst erst einmal „präsentationsfähig" machen. Das bedeutet v. a. sich für seine Zuhörer zu öffnen – für die Menschen, denen Sie Ihre Botschaft vermitteln wollen.

Damit Sie Ihr Gegenüber wirklich erreichen, müssen Sie ein Sendungsbewusstsein haben, d. h. es muss Ihnen wichtig sein, dass das, was Sie vermitteln, von Ihren Zuhörern auch wirklich verstanden wird – und zwar genauso, wie Sie es meinen.

Nur wer selbst brennt, kann andere entzünden

Ihr Publikum für Ihr Angebot oder Produkt entzünden und begeistern können Sie nur, wenn Sie mit Leidenschaft sprechen. Das alte Sprichwort: „Wie es in den Wald hineinruft, so schallt es auch wieder heraus" hat absolut seine Berechtigung.

Dieselbe Energie, die Sie ausstrahlen, entfesseln Sie bei Ihrem Publikum und fließt wieder zu Ihnen zurück. Das ist der Kreislauf, den die Schauspieler am Theater jeden Abend aufs Neue in Gang setzen, den sie während der gesamten Vorstellung nähren und der das Publikum am Ende befriedigt den Saal verlassen lässt. Dieser Kreislauf setzt die Wechselwirkung von Ausstrahlung und Anziehung in Gang – je mehr wir ausstrahlen, desto anziehender wirken wir.

Doch jeder Schauspieler ist sich auch bewusst, dass er diese Energie zuerst zu geben hat, damit er sein Publikum nicht nur zum Zuhören zwingt, sondern auch emotional erreicht und berührt.

Eine Entscheidung treffen

Sollte Ihnen das schwerfallen, erinnern Sie sich, wie leidenschaftlich Sie zu Beginn Ihrer Karriere von Ihrem Beruf, Ihrem Produkt, Ihrer Idee gedacht haben. Diese Begeisterung gilt es wieder zu aktivieren. Sie müssen sich nur dafür entscheiden.

Unmöglich, sagen Sie? Unterschätzen Sie nicht die Kraft Ihres Bewusstseins! Handeln Sie wie ein Entertainer mit hohem Fieber, der, vor die Wahl gestellt, entweder die Vorstellung abzusagen oder doch zu spielen, seinen Auftritt wie immer brillant absolviert – ohne dass jemand seine eigentliche Befindlichkeit bemerkt. Entscheiden Sie sich! – Ihr Körper ist in der Lage, die Befehle des Geistes wie ein treuer Diener auszuführen.

Nehmen Sie sich vor dem Kundengespräch oder dem Vortrag einige Minuten Zeit und entscheiden Sie, wie Ihr Gegenüber Sie und Ihre Botschaft aufnehmen soll. Wünschen Sie, dass Ihre Zuhörer bereichert und beschwingt den Raum verlassen, möchten Sie, dass Ihr Publikum wirklich brennt? Dann entscheiden Sie sich dafür, es zu entzünden! Lassen Sie alle anderen Emotionen fallen und entscheiden Sie sich für Leidenschaft.

Wertschätzung schenken

Wenn Sie neben Ihrer Leidenschaft und Begeisterung auch noch Wertschätzung für Ihr Gegenüber ausstrahlen, ist Ihnen ungeteilte Aufmerksamkeit gewiss.

Die Menschen, die vor Ihnen sitzen, haben unter Umständen einen weiten Weg zurückgelegt, nur um Ihnen zuzuhören. Oder, sollten Sie zu Ihren Zuhörern in die Firma gekommen sein, schenken sie Ihnen gerade ihre wertvolle Zeit, um Ihren Ausführungen zu folgen. Und Zeit ist heute, wie Sie ja wissen, unser kostbarstes Gut. Es gibt also Gründe genug, Ihren Zuhörern dankbar zu sein und ihnen Wertschätzung entgegenzubringen für die Zeit und Aufmerksamkeit, die sie Ihnen widmen.

Vielleicht entdecken Sie dabei auch ein kleines Geheimnis: Je mehr Sie Ihr Gegenüber wertschätzen, desto sympathischer wirken Sie. Jeder wird sich von Ihrem Charme und Charisma angezogen fühlen!

Wollen Sie Ihr Publikum fesseln und begeistern, dann sprechen Sie mit Leidenschaft. Diese Energie müssen Sie als Redner zuerst geben, dann wird sie auch beim Zuhörer entfesselt. Wenn Sie ihm überdies Wertschätzung und Dankbarkeit vermitteln, können Sie sich Ihrer sympathischen und charismatischen Ausstrahlung sicher sein.

Keine aufgesetzte Show

Alle diese Qualitäten – Leidenschaft, Begeisterung, Wertschätzung, Dankbarkeit – können wir jedoch nicht spielen. Wir können nicht so tun, als wären wir voller

Begeisterung und würden unser Gegenüber schätzen und anerkennen. Diese Eigenschaften wirken nur echt, wenn sie tatsächlich so empfunden werden.

Wir alle kennen Redner, die uns Begeisterung, Freundlichkeit und Engagement vorspielen. Doch dieses Vortäuschen bemerkt das Publikum sofort und das bewirkt das Gegenteil. Peinlich berührt über diese aufgesetzte Unehrlichkeit wird es sich innerlich zurückziehen und jedes Wort des Redners kritisch prüfen.

Auch am Theater haben Sie diese Art von Schauspielern sicher schon erlebt. Als Schmierenkomödianten geoutet haben sie es schwer, von ihrem Publikum als echt und aufrichtig angenommen zu werden. Emotional berühren tun sie uns mit Sicherheit nicht.

Schauspielkunst bedeutet eben nicht, wie manchmal fälschlicherweise angenommen wird, so zu tun als ob. In andere Rollen zu schlüpfen und deren Freuden und Ängste vorzuspielen, ist nicht gleichzusetzen mit lügen. Ein Schauspieler wird nur dann zum authentischen Charakterdarsteller, wenn er in der Lage ist, in sich selbst wahre Gefühle für die darzustellende Rolle zu aktivieren.

Dazu muss er sich auf der einen Seite entscheiden, auf der anderen Seite benötigt er dafür das richtige Handwerkszeug, das ihn befähigt, diese Gefühle mit und durch sein „Instrument" auszudrücken. Dieses Instrument ist sein Körper mit Gestik und Stimme – das Charisma des Tuns, dem wir uns im nächsten Kapitel ausführlicher widmen wollen.

Wenn Sie diese Techniken trainieren, wird sich auch Ihr Charisma des Seins erhöhen, denn Sie werden Ihr „Instrument" wesentlich bewusster einsetzen. Nach einer gewissen Zeit können Sie diese Tools nahezu vergessen, denn sie werden automatisiert und im Körpergedächtnis abgespeichert. Ihr neu gewonnenes Körpergefühl wird zu Ihrer zweiten Natur und steht jederzeit abrufbar für Sie bereit.

Um das Charisma des Seins zu erhöhen, ist es wichtig, Gefühle zuzulassen und auszudrücken, um eine harmonische Einheit von Denken, Fühlen und Handeln zu erreichen. Dazu müssen Sie Ihre Wahrnehmung erweitern und Ihre Sinne weit öffnen.

Nehmen Sie sich selbst, den Sie umgebenden Raum, Gegenstände, die Sie berühren und Ihr Gegenüber mit allen Sinnen wahr. Lösen Sie die Identifizierung mit dem Verstand, erfahren, spüren Sie dagegen mit allen Sinnen, fühlen Sie stärker, als dass Sie denken.

30

30 MINUTEN

3. Das Geheimnis non-ver-baler Kommunikation

Im Folgenden widmen wir uns dem Charisma des Tuns – der Ebene des Charismas, die trainierbar ist.

Die Körpersprache ist in den letzten Jahren verstärkt ins Zentrum des Interesses gerückt, oft aber auch missverstanden und missbraucht worden. Da gab es allerhand Regeln, die besagen wollten, was zum Beispiel diese Geste bedeutet und jene Haltung ausdrückt.

Jeder Mensch ist jedoch einzigartig und besitzt etwas ganz Besonderes. Dieses Besondere, das nur Sie besitzen und das Sie als individuelles, einzigartiges Wesen auszeichnet, muss zur Vollendung und zum Ausdruck gebracht werden.

Durch die Erkenntnis, welche Gesten, welcher Gang und welche Körperhaltung zu Ihnen passen und mit etwas Training finden Sie schnell Ihre authentische Körpersprache.

Vergessen Sie alle Regeln und entwickeln Sie Ihre persönliche Körpersprache.

3.1 Das körperliche Zentrum

Ein Mensch wirkt authentisch, wenn er sich aus seiner körperlichen Mitte heraus bewegt. Jede Geste, jeder Gang wirkt erst dann hundertprozentig zur Person passend, denn alle Bewegungen, die man organisch ausführt und die auf den Betrachter harmonisch wirken, beginnen an diesem Punkt.

Schon in Kleists Aufsatz über das Marionettentheater und in allen Tanz- und Sportarten spielt dieser Schwerpunkt die entscheidende Rolle. Begriffe, mit denen in anderen Kulturen dieser Schwerpunkt bezeichnet wird, sind zum Beispiel *Hara* und *Tan Tien*.

Da wir Menschen uns aufgerichtet haben und unser Gewicht nicht wie die Tiere auf vier Auflagepunkten verteilen, neigen wir dazu, das körperliche Zentrum zu verschieben. Bei körperlicher Unterspannung verschiebt es sich nach vorn, bei Überspannung nach hinten.

Nur, wenn Sie aus Ihrem körperlichen Zentrum heraus agieren, wird Ihr Körper jede verbale Äußerung optimal unterstützen und nicht, wie es häufig vorkommt, davon ablenken.

Die aufrechte und harmonische Haltung

Für eine natürliche, aufrechte Haltung, durch die die Besonderheit Ihrer Persönlichkeit widergespiegelt wird, müssen Sie die richtigen Spannungsverhältnisse in Ihrem Körper finden: Spannen Sie genau die Muskelgruppen an, die für eine natürliche, aufrechte Haltung notwendig sind.

Die meisten Menschen spannen jedoch die falschen Muskelgruppen an. Intuitiv spüren sie, dass ihre Haltung während des Alltags nicht optimal und ihre Wirkung auf andere somit nicht überzeugend ist. Deshalb bemühen sie sich bei offiziellen Auftritten darum, besonders gerade und aufrecht zu stehen. „Brust raus, Bauch rein" ist ein altbekannter Befehl, den sich die meisten geben – und schon wirken sie überspannt und künstlich. Ohne diesen Befehl wirken sie allerdings oft unterspannt und lasch.

Das körperliche Zentrum eines jeden erwachsenen Menschen befindet sich im Beckenraum.

Einige einfache Übungen helfen Ihnen dabei, in jeder Situation aus Ihrem körperlichen Zentrum heraus zu agieren und damit immer selbstsicher und authentisch zu wirken, auch wenn Sie sich im ersten Moment unsicher oder müde fühlen.

Übung: Denken Sie immer an die Nuss!

- Stellen Sie sich bequem hin, die Füße schulterbreit, fest wie Saugnäpfe auf dem Boden.
- Die Knie sind leicht gebeugt – drücken Sie im Stehen niemals die Knie ganz durch.
- Kippen Sie Ihr Becken ein ganz klein wenig nach vorne.
- Stellen Sie sich vor, Sie würden an einem unsichtbaren Faden am Scheitelpunkt emporgezogen.
- Nehmen Sie das Kinn heran.
- Die Schultern befinden sich in leichtem Zug nach hinten.
- Nun der Clou: Spannen Sie Ihre Gesäßmuskeln ein wenig an, so als würden Sie damit eine Haselnuss festhalten.

Achten Sie darauf, dass Sie die Spannung der Gesäßmuskeln nicht auf die anderen Muskelgruppen übertragen. Testen Sie, ob Ihre Arme vollkommen locker an Ihrem Körper herunterhängen und die Schultern entspannt sind.

Der Zug nach oben, der Ihre Wirbelsäule in die größtmögliche Streckung bringt, sollte nicht das Kinn mit anheben. Aus Überspannung neigen viele Menschen dazu, ihr Kinn zu hoch zu tragen – das wirkt schulmeisterlich oder arrogant.

Führen Sie nun die auf den folgenden Seiten beschriebenen Isolationsübungen aus, die Sie befähigen, die Spannung des Mittelkörpers nicht auf die anderen Körperteile zu übertragen.

Isolationsübung 1:

- Nehmen Sie die Ausgangsposition ein.

- Heben Sie beide Arme seitlich auf Schulterhöhe.

- Ohne das Becken zu verschieben, lassen Sie sich wie von einer unsichtbaren Kraft über den Mittelfinger nach rechts ziehen.

- Das Becken verlagert sich nicht einen Zentimeter in die Gegenrichtung, während der gesamte Oberkörper weit nach rechts gebeugt ist. Dafür müssen Sie Ihre Gesäßmuskeln fest anspannen.

- Nun werden Sie weit auf die linke Seite hinübergezogen. Auch jetzt bleibt das Becken wie einbetoniert fest in der Mitte.

- Wiederholen Sie diese Übung mehrere Male. Geben Sie nicht zu bereitwillig dem Gegenzug in die andere Richtung nach.

- Geben Sie sich nun einen schnellen, ruckhaften Impuls auf die rechte Seite und beenden Sie die Bewegung an einem vorher exakt festgelegten Punkt, ohne zu wackeln.

- Nun zur linken Seite – das Becken bleibt in der Mitte.

Isolationsübung 2:

- Stehen Sie aufrecht und schulterbreit, die Knie bei dieser Übung etwas stärker beugen.

- Die Hände sind in die Hüften gestützt.

- Schieben Sie nun Ihr Becken weit nach vorn.

- Der Oberkörper bleibt in der Ausgangsposition, er verschiebt sich um keinen Millimeter.

- Nun schieben Sie Ihr Becken vom Steißbein aus weit nach hinten.

- Wiederholen Sie die Beckenverschiebung mehrmals.

- Ziehen Sie jetzt das Becken nach rechts.

- Verschieben Sie Ihr Becken nun weit nach links.

- Wiederholen Sie die seitliche Beckenverschiebung dreimal.

- Nun lassen Sie Ihr Becken mehrmals kreisen – nach vorn, rechts, hinten, links.

Die aufrechte Haltung, mit der wir Aufrichtigkeit, Authentizität und Harmonie ausstrahlen, hat ihr Zentrum in unserem Schwerpunkt. Dieser befindet sich bei allen erwachsenen Menschen im Beckenraum. Spannen Sie Ihre Gesäßmuskeln ein wenig an, so als würden Sie eine Haselnuss festhalten.

3.2 Der sichere, zentrierte Stand und Gang

Mit der beschriebenen aufrechten Haltung besitzen Sie nun die beste Voraussetzung für eine harmonische Körpersprache – und diese beginnt mit einem sicheren Stand. Kompetente und selbstsichere Menschen vertreten einen bestimmten Standpunkt zu einem Thema. Dieser innere, mentale Standpunkt sollte auch durch einen entsprechenden äußeren symbolisiert werden, einem Standpunkt, der dieselbe Klarheit und Eindeutigkeit ausdrückt wie unsere mentale Haltung.

Viele Redner bewegen sich vollkommen unkontrolliert, tänzeln hin und her, verschieben ihr Gewicht ständig von den Zehenspitzen auf die Fersen oder verlagern es von einem Bein auf das andere. Mit diesen äußerlichen körperlichen Signalen löst man die Eindeutigkeit des inneren Standpunkts wieder auf.

Einheit von Stand und Standpunkt

Finden Sie zu Ihrem inneren Standpunkt auch Ihren körperlichen Standpunkt! Die Haselnussmethode hilft Ihnen, diesen Standpunkt zu finden und zu halten. Gewichtsverlagerungen oder unkontrollierte Schritte haben keine Chance!

Ihren inneren, mentalen Standpunkt durch einen äußerlichen, körperlichen Standpunkt zu symbolisieren, bedeutet natürlich nicht, dass Sie die ganze Zeit wie angewurzelt an einer Stelle stehen bleiben müssen. Selbstverständlich können Sie sich auch bewegen und ein paar Schritte gehen, wenn Sie den Impuls dazu verspüren. Diese Bewegungen sollten aber sinnvoll und

nicht unbewusst und unkontrolliert ablaufen. Denn:
Jede Bewegung hat einen Anfang und ein Ende. So lautet ein altes Theatergesetz.

Jede Bewegung sollte einen konkreten Sinn haben und bis zu Ende ausgeführt werden.

Ihr persönlicher Gang

Damit Sie auch im Gehen charismatisch, selbstsicher, kompetent und natürlich auf Ihre Mitmenschen wirken, hilft Ihnen folgende Übung:

Gehübung:

- Stehen Sie in Ihrer aufrechten Haltung, denken Sie an die Nuss.

- Spüren Sie Ihr körperliches Zentrum im Beckenraum und stellen Sie sich vor, ein unsichtbarer Faden ziehe Sie aus diesem Punkt heraus nach vorn.

- Folgen Sie dem Zug und gehen Sie los.

- Die Schultern sind gerade und entspannt, der Brustbereich ist aufgerichtet, auch der Kopf ist aufrecht; nehmen Sie das Kinn heran.

- Achten Sie auf Ihre Schrittgröße, sie sollte zu Ihrer Körpergröße und Beinlänge passen.

- Ihre Aufmerksamkeit ist zum Teil in Ihr körperliches Zentrum und zum anderen Teil nach außen gerichtet.

- Die Arme schwingen locker neben dem Körper.

Sie können diese Übung überall durchführen: Wenn Sie durch die Gänge Ihres Bürogebäudes laufen, beim Spazieren gehen, Einkaufen ... Wann immer Sie möchten.

Auch die Bewegung des Gehens sollte aus Ihrem körperlichen Zentrum heraus erfolgen. Lassen Sie sich von einer unsichtbaren Kraft aus Ihrem Schwerpunkt nach vorne ziehen.

3.3 Natürliche Autorität durch authentische Gestik

Wenn Sie immer die Verbundenheit mit dem Boden und Ihre Standfestigkeit spüren und gleichzeitig die Lockerheit in den Armen bewahren, werden Ihre Hände automatisch Ihre Worte unterstützen. Dadurch taucht nie wieder das Problem auf: „Wohin mit meinen Händen?" Ihre Gestik wird auf natürliche Weise mit Ihrer Persönlichkeit und Ihren Worten übereinstimmen.

Durch die mithilfe der Nussmethode trainierte aufrechte Haltung und den sicheren Standpunkt, haben Sie die ideale Voraussetzung für eine unterstützende Gestik. Vergessen Sie alle Hilfsmittel, die Sie in Ihrer Körpersprache nur behindern und die von Ihren Worten ablenken!

Übung zur harmonischen Gestik:

- Finden Sie Ihren sicheren Standpunkt.

- Denken Sie an die Nuss und stellen Sie sich vor, Ihr Unterkörper sei bis zum Becken wie ein Baum fest in der Erde verwurzelt.

- Bewegen Sie Ihre Arme ohne jede Spannung frei und locker wie die Äste eines Baumes.

- Lassen Sie nun die Arme entspannt hängen.

- Setzen Sie jetzt aus Ihrem Zentrum heraus eine einladende Geste.

- Lassen Sie diese Geste etwas stehen und nehmen Sie sie wieder zum Zentrum zurück.

Unterstützende Gesten

Gesten, bei denen Sie sich öffnen, wie auf dem unten gezeigten Foto, sind für den Zuschauer angenehm. Sie unterstützen den Inhalt Ihrer Worte und laden den Zuhörer symbolisch ein, Ihren Ausführungen zu folgen.

Solche Gesten signalisieren: Ich bin bereit, etwas zu geben, zum Beispiel meine Ideen oder Angebote, aber auch offen für neue Informationen, also etwas zu nehmen. Ihr Zuhörer wird diese Gestik als sympathisch empfinden.

Der leidige Zeigefinger

Tatsächlich ist der Zeigefinger immer noch eine häufig benutzte Geste. Dabei wirkt er auf den Gesprächspartner oder das Publikum fast immer unangenehm. Jedes Mal, wenn wir ihn gewähren lassen, wird unsere Stimme härter und unser Gesichtsausdruck verbissen. Dahin sind alle Sympathie und Vertrauenswürdigkeit. Können Sie sich einen sympathischen, warmherzigen und charismatischen Menschen mit erhobenem oder gar herumfuchtelndem Zeigefinger vorstellen?

Sollten Sie also wieder einmal bemerken, dass Sie den leidigen Zeigefinger benutzen, öffnen Sie einfach die übrigen Finger dieser Hand und gestikulieren Sie weiter. Die geöffnete Hand strahlt immer mehr Vertrauen und Sympathie aus als die geschlossene, aus der noch dazu ein einzelner Finger wie eine Waffe hervorsticht.

Synchrone Gestik

Bitte achten Sie außerdem darauf, dass sowohl Ihre rechte als auch Ihre linke Körperhälfte beim Gestikulieren beteiligt ist. Auch das ist Ihnen durch den festen körperlichen Standpunkt und die Nuss spielend möglich.

Durch einseitige Gewichtsverlagerung verschwindet oft eine Hand in der Hosentasche oder stützt sich aufs Rednerpult auf. Auf diese Weise spricht nur noch eine Körperseite, die andere ist unbeteiligt, fast wie tot. Auf Dauer wirken Menschen mit asynchroner Körpersprache schief und linkisch.

Gesten stehen lassen

Menschen, die viele kleine, unkontrollierte und schnelle Gesten machen, assoziiert unser Gehirn mit Hilflosigkeit und Inkompetenz. Wenn Sie sich also für eine Geste entschieden haben, dann lassen Sie sie eine Weile stehen, bevor Sie sie wieder zurücknehmen oder durch eine andere ersetzen.

Auch sollten Ihre Gesten einen langsamen, fließenden Rhythmus haben und zu Ende ausgeführt werden, denn abgehackte Gesten wirken nervös. Auf diese Weise wirken Sie in jeder Situation selbstsicher und souverän, auch wenn Sie im ersten Moment vielleicht noch etwas unsicher sind.

Mithilfe der Nussmethode befindet sich die Kör-
perspannung in Ihrem Zentrum. Das körperliche
Zentrum bzw. der Schwerpunkt ist die Basis für
eine authentische, zu Ihrer Persönlichkeit pas-
sende Körpersprache.

30

- *Ein fester, körperlicher Standpunkt signalisiert Ihren eindeutigen, mentalen Standpunkt.*
- *Wie ein Mensch steht und geht zeigt viel über sein Innenleben.*
- *Achten Sie auf eine synchrone Körpersprache. Werden beide Körperseiten beim Gestikulieren einbezogen, zeigt Ihr Körper, dass nicht nur Ihr Verstand, sondern auch Ihre Gefühle beim Reden beteiligt sind.*
- *Setzen Sie langsame, fließende Gesten. Die offene Geste wirkt einladend, während der Zeigefinger auf das Gegenüber unangenehm wirkt. Jede Geste, die Sie bewusst setzen, lassen Sie einen Moment stehen, bevor Sie sie wieder zurücknehmen oder durch eine andere ersetzen.*

30 MINUTEN

Wussten Sie, dass der Profi mit dem ganzen Körper spricht?

Seite 54

Wissen Sie, wie man mühelos, lang andauernd und für jeden verständlich spricht?

Seite 57

Wünschen Sie sich eine wohlklingende Stimme?

Seite 59

4. Professionelles Sprechen

In diesem Kapitel widmen wir uns der professionellen Sprechtechnik, denn die Eigenschaften unserer Stimme sind zu 38 Prozent für unseren Gesamteindruck verantwortlich.

Eine angenehme, wohlklingende Stimme hat einen starken Einfluss darauf, ob wir unser Gegenüber als sympathisch, intelligent und vertrauenswürdig einschätzen. Deshalb ist es unerlässlich, wenigstens einige Techniken des professionellen Sprechens zu beherrschen. Dadurch wird sich nicht nur Ihr Charisma erhöhen, auch Sie selbst werden den Vorgang des Sprechens als lustvoll und mühelos empfinden, der ebenso viel Spaß macht wie Lachen und Singen.

Professionelles Sprechen ist ganzkörperliches Sprechen. Zahlreiche Bewegungsabläufe der unterschiedlichsten Muskelgruppen müssen harmonisch ablaufen. Diese sind dem Redner meist unbewusst und werden deshalb oft nachlässig behandelt. Doch selbst kleinste Ungenauigkeiten bewirken Heiserkeit, den so genannten Frosch im Hals, Verspannungen und Schmerzen im Kehlkopf oder eine unverständliche Aussprache.

4.1 Ohne Atmung kein Leben

Ob *Prana*, *Pneuma*, *Chi* oder *Ki* – dem Atem wird in allen Kulturen eine sehr hohe Wertigkeit eingeräumt. Er wird als Lebenskraft und als Verbindung zwischen Körper und Geist bezeichnet. Tatsächlich ist der Atem das einzige, was uns letztlich vom Tod trennt.

Da wir heutzutage den Verstand stark überbewerten und uns über den Intellekt identifizieren, behandeln wir unsere Atmung normalerweise unbewusst und nachlässig. Dadurch atmen wir meist in die falschen Körperregionen, was uns wiederum daran hindert, Gefühle wahrzunehmen und unsere Persönlichkeit in ihrer Gesamtheit auszudrücken.

Eine zentrierte Atmung verbindet uns wieder mit Körper, Geist und Seele. Verständlich, dass diese Einheit auch unsere Wirkung nach außen beeinflusst.

Die Tiefatmung

Die natürliche Ruhe- und Sprechatmung ist eine kombinierte Atmung unter Beteiligung vom Zwerchfell und von den Rippen, die sogenannte Voll- oder Tiefatmung. Voraussetzung für diese Tiefatmung sind die aufrechte Haltung und ein bewusster Schwerpunkt.

Wie der Name schon sagt, handelt es sich dabei um eine tiefe Atmung. Das Zwerchfell senkt sich und wölbt den Bauch und die Flanken nach außen. Brustkorb und Schultergürtel bewegen sich nicht. Beim Ausatmen steigt das Zwerchfell wieder nach oben in Richtung

Rippen und die erweiterte Einatmungsmuskulatur wird losgelassen.

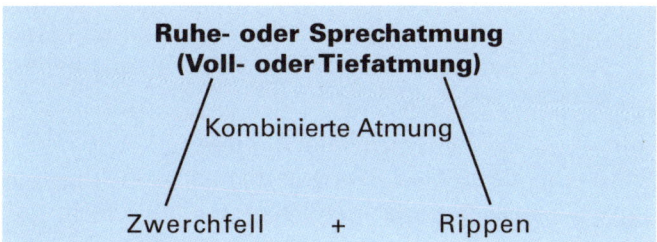

Übung:
Richtiges Sprechen beginnt mit der richtigen Atmung!

- Legen Sie sich auf den Rücken und entspannen Sie sich.

- Schicken Sie Ihre Aufmerksamkeit in alle Körperteile und kontrollieren Sie deren vollkommene Entspannung.

- Beobachten Sie Ihren Atem; er kommt und geht, ohne dass Sie etwas beeinflussen.

- Beobachten Sie, wie sich während der Einatmungsphase Bauch, Flanken und unterer Rücken weiten und wie in der Ausatmungsphase alle Muskelgruppen losgelassen werden.

- Der obere Brustkorb bewegt sich nicht.

- Atmen Sie immer bis zum Ende ein und vollständig wieder aus.

- Beobachten Sie nach der Ausatmungsphase eine gewisse Atempause.

- Atmen Sie nicht aktiv ein; versuchen Sie im Gegenteil die Atempausen auszudehnen und lassen Sie ganz von allein neuen Atem in sich hineinströmen.

Führen Sie diese Atemübung in den nächsten Tagen in allen Lebenslagen und -bereichen aus. Also nicht nur im Liegen, sondern auch im Stehen, Sitzen, wann immer Sie auf etwas warten oder kurz irgendwo eine Pause einlegen. Auch im Gespräch können Sie immer einen Teil Ihrer Aufmerksamkeit auf die Atmung in Ihrem Bauch richten. In der Regel stellt sich der Körper nach zwei bis drei Tagen Aufmerksamkeit und Übung auf diese Tiefatmung um, denn diese liegt ihm wesentlich mehr.

30 *Die richtige Atmung, mit der Sie mühelos sprechen und jederzeit Selbstsicherheit und Gelassenheit ausstrahlen, ist die sogenannte Tiefatmung. Immer, wenn Sie schweigen oder in normaler Lautstärke reden, sollten Sie diese Atmung nutzen.*

4.2 Atemstütze

Ein Baby kann stundenlang schreien, ohne heiser zu werden. Wenn wir als Erwachsene dagegen laut rufen oder gegen laute Geräusche anschreien müssen, sind wir oft schon nach kurzer Zeit heiser. Sogar beim normalen Sprechen spüren viele Menschen bereits nach zehn Minuten einen Frosch im Hals, der sie ständig zum Räuspern zwingt.

Der Grund dafür ist, dass sich der Hals fälschlicherweise beim Sprechen verengt. Das klingt dann nicht nur gepresst, brüchig oder blechern, sondern schadet auch der Stimme.

Mit der Bauchdecke abstützen

Wenn Sie beim Sprechen Ihre Bauchmuskulatur einsetzen, kann Ihre Halsmuskulatur vollkommen entspannen. Die Bauch- und Flankenmuskulatur ist in der Einatmungsphase geweitet. Aktivieren Sie nun während des Sprechens Ihre Bauchmuskeln, können Sie Ihre Laute mit der Bauchdecke abstützen. Die Bauchmuskeln sind somit angespannt, die Halsmuskeln entspannt.

Übung zur Atemstütze:

- Stehen Sie in Ihrer Ausgangsposition oder sitzen Sie aufrecht.
- Spüren Sie Ihren Schwerpunkt – denken Sie an die Nuss!

- Stützen Sie die Hände in die Hüften, so dass Sie Ihre Atembewegungen in Bauch und Flanken kontrollieren können.

- Atmen Sie in den „Ring" Ihrer Gürtellinie.

- Atmen Sie nun aus im Wechsel von stimmlosem – *f* – und stimmhaftem – *w* – und halten Sie ohne Druck die Muskulatur so lange wie möglich in der Einatmungsstellung.

- In der Atempause lassen Sie die Kontraktion der Muskeln los und atmen wieder tief in Ihren Bauch und die Flanken hinein.

Atemwurfübungen:

Bei diesen Übungen geben Sie der Bauchdecke beim Produzieren der Laute einen kleinen Impuls, sodass sie kurz nach innen schnellt. Diese Bewegung überträgt sich nicht auf die Halsmuskeln, sie bleiben entspannt und geweitet.

- Atmen Sie tief in Ihren „Ring".

- Sagen Sie kurz und schnell: – *hop – hop – hup – hup – hap – hap, dann: ha – ha – ho – ho – hu – hu – he – he – hi – hi.*

- Nun rufen Sie kurz und scharf: *Pass auf, Weg da, Achtung, Hallo ...*

Seien Sie kreativ und spielerisch, lassen Sie Ihrer Phantasie freien Lauf, produzieren Sie Laute und kurze Sätze, die Ihnen Spaß machen.

Wenn Sie lachen müssen, achten Sie darauf, was Ihre Bauchdecke tut. Kein Mensch könnte lachen, wenn er nicht die Bauchdecke einsetzen würde, deren Muskulatur sich dabei in blitzschnellem Wechsel anspannt und entspannt. Machen Sie sich diesen natürlichen Reflex auch beim Sprechen zunutze!

Jeden Laut, alles was Sie sagen, besonders, wenn Sie etwas rufen, sollten Sie mit Ihrer Bauchdecke abstützen. Dadurch entspannen Sie Ihre Halsmuskeln und weder ein Frosch im Hals, noch Heiserkeit können Ihre Rede behindern.

4.3 Die Sprechstimmlage

Die Sprechstimmlage ist individuell verschieden, da wir alle physiologisch unterschiedlich „gebaut" sind. Leider ist es sehr verbreitet, dass die meisten Menschen mit überhöhter Stimmlage sprechen. Das klingt immer angestrengt, gestresst und somit unsouverän. Stellen Sie sich einen charismatischen Menschen mit einer überhöhten schrillen Stimme vor – unmöglich!

Überhöhte Stimmlagen führen zu Verkrampfungen

Müssen Sie lauter als gewöhnlich sprechen, beispielsweise bei Vorträgen ohne Mikrophon, um andere Geräusche zu übertönen oder bei Gefühlsäußerungen, übersteigt die Stimme meist die normale Sprechstimmlage. Doch laut und intensiv zu sprechen bedeutet nicht automatisch hoch zu sprechen!

Auch bei erhöhter Lautstärke ist es wichtig, im Bereich der individuellen Stimmlage zu bleiben. Natürlich wird die Stimme bei solchen Anforderungen etwas höher – das bringt Lebendigkeit in Ihren Redefluss – aber dies darf niemals einen gewissen Rahmen übersteigen.

Unmöglich, überhöhten Stimmen zu folgen

Die meisten Menschen haben sich an ihre zu hohe Stimmlage bereits gewöhnt, deshalb bemerken sie das gar nicht mehr. Wenn dann auch noch Aufregung und Hektik dazukommen und sie sich während einer öffentlichen Präsentation bemühen, bewusst laut zu sprechen und mit Begeisterung ihre Zuhörer überzeugen wollen, schnappt die Stimme förmlich über und wird schrill.

Es gibt viele Beispiele von Politikern und Wirtschaftsexperten, die sich derartig überschreien, sodass man nicht mehr zuhören kann, obwohl durchaus interessante neue Thesen vertreten werden. Damit erreichen sie das Gegenteil von dem, was sie eigentlich wollen: Ihre schrille, angestrengte Stimme bringt die Zuhörer dazu abzuschalten, anstatt ihren interessanten Ausführungen zu folgen.

Übung:
**Finden Sie Ihre physiologische Sprech-
stimmlage**

- Sitzen Sie bequem, entspannen Sie sich und schließen Sie die Augen. Denken Sie mit allen Sinnen an ein gutes Essen. Sehen Sie, riechen Sie und schmecken Sie es auf Ihrer Zunge.

- Lassen Sie die Stimme genussvoll mitsummen, bis Ihre Stimme voll und tief klingt.

- Entwickeln Sie daraus Silben wie *mnjom – mnjum – mnjam.*

- Der lustvolle Essvorgang überträgt sich auf Ihre Stimme.

- Sprechen Sie nun in dieser Tonlage einige normale Sätze wie: „Die Sonne scheint wundervoll." „Ich freue mich meines Lebens."

- Sprechen Sie diese Sätze im unteren Bereich Ihrer Sprechstimmlage wie die Silben der Kauübung.

Wenn Sie in Ihrer natürlichen Sprechstimmlage sprechen, können Sie in jeder Situation ausdauernd, mühelos und kräftig reden und sich selbst vor stimmlichen Schädigungen schützen. Außerdem wirken Sie mit einer angenehm tiefen Stimme überzeugend, souverän und charismatisch.

4.4 Verständliche Artikulation

Eine einwandfreie, unangestrengte Aussprache hat einen hohen Einfluss auf unsere Ausstrahlung und Wirkung. Eine vernuschelte Sprechweise wirkt wenig engagiert und dialektische Lautverschiebungen lassen oft einen ungebildeten Eindruck entstehen. Allgemein hat sich eine gewisse „Maulfaulheit" ausgebreitet – kaum jemand artikuliert mehr sauber und verständlich.
Viele Menschen deuten die Vokale und Konsonanten nur noch an und artikulieren sie nicht mehr voll aus. Damit die Sprache jedoch nicht beim Sprecher hängen bleibt, muss Platz im Mund- und Halsraum geschaffen werden.

Die Artikulations- oder Sprechwerkzeuge
Unsere Artikulationsorgane sind:

* Unterkiefer
* Lippen
* Zunge

Beim Sprechen müssen sie schnell und ausschöpfend bewegt werden. Durch das Zusammenwirken der spezifischen Bewegungen der drei Artikulationswerkzeuge werden die verschiedenen Vokale und Konsonanten geformt.

Ausschöpfende Unterkieferbewegungen

Für die Deutlichkeit und den Wohlklang der Aussprache sind ausgeprägte Unterkieferbewegungen verantwortlich. So schaffen Sie die notwendige Weite im Hals,
um dem Ton die Möglichkeit zu geben, die Mundhöhle
zu verlassen. Senken Sie aber den Unterkiefer niemals
übermäßig und aktiv, sondern lassen Sie ihn einfach
nur fallen, sodass der Laut optimal gebildet werden
kann.

Übung: Unterkieferbewegungen

- Halten Sie Ihren Handrücken knapp unter das
  Kinn, ohne es zu berühren.

- Sprechen Sie schnell hintereinander die Silben
  ja - ja - ja - ja - ja.

- Mit jeder Unterkieferöffnung treffen Sie den
  Handrücken unter Ihrem Kinn.

- Üben Sie weiter mit den Silben *da – da – da – da – da,
  ba – ba – ba – ba – ba, ma – ma – ma – ma – ma.*

- Bei den folgenden Vokalen ist die Mundöffnung
  natürlicherweise kleiner als beim *– a –*. Versuchen
  Sie dennoch, eine optimale Öffnungsweite zu erzielen: *do – do – do – do – do, bo – bo – bo – bo –
  bo, go – go ..., mo – mo ..., jo - jo ..., du – du ..., bu
  – bu ..., mu – mu ...*

- Nun trainieren Sie bitte die Reihe durch mit *– e –*
  und dann mit *– i –*. Auch bei diesen Vokalen bewegt
  sich Ihr Unterkiefer nach unten.

30 *Geben Sie sich nicht der Bequemlichkeit einer vernuschelten Aussprache hin. Öffnen Sie Ihren Unterkiefer beim Bilden von Vokalen optimal und ausschöpfend, aber senken Sie ihn niemals aktiv.*

Die Lippen

Beim Sprechen sind die Lippen aktiv beteiligt. Bei den Vokalen – *o* –, – *u* –, – *ö* – , – *ü* – und beim *sch*-Laut ist ein starkes Vorstülpen der Lippen notwendig. Doch so wichtig das Vorstülpen der Lippen ist, so unnötig ist das Breitziehen. Es ist leider üblich, bei – *e* – und – *i* – die notwendige innere Enge im Mundraum auf die Lippen zu übertragen. Doch dieses Breitziehen der Lippen hat keinen Effekt auf den Klang der Vokale. Es verzieht nur die Mimik auf unschöne Weise. Meist wirkt das verspannt oder gar zickig.

Die Zunge

Die Zunge ist das beweglichste und aktivste Sprechwerkzeug. Viele kleine Bewegungen sind mit ihr möglich, man kann die Zunge breit ziehen, schmal ziehen, vertikal und horizontal rollen, den Zungenrücken gegen den Gaumen wölben und ihre Spitze flattern lassen. Das sind Bewegungen, die man mit keinem anderen Muskel des Körpers tun kann.

Dadurch bildet die Zunge allerdings oft auch das größte Hindernis beim Sprechen. Sie versperrt dem Ton den Weg und hindert ihn daran, die Mundhöhle zu verlassen. Die Zunge sollte dem Ton jedoch Platz schaffen, deshalb gilt als Grundregel:

> Zungenspitzenkontakt mit den unteren Schneidezähnen!

Legen Sie bei allen Vokalen die Zungenspitze an die unteren Schneidezähne an. Das bewirkt eine flache Zunge und weitet den Hals und Rachenraum. Denn durch Zurückziehen der Zungenspitze wölbt sich der Zungenrücken nach oben, die hintere Mundhöhle wird dadurch verengt und der Ton kann nicht mehr klar gebildet werden. Durch einen verengten Mundraum klingt die Stimme „knödelig", dumpf oder gepresst.

Zungenübungen:

- Sprechen Sie wieder folgende Silben schnell hintereinander; achten Sie diesmal auf eine flach im Mund liegende Zunge. Legen Sie dazu die Zungenspitze an die unteren Schneidezähne: *ba-bo – ba-bu – ba-be – ba-bi – ba-bö – ba-bü – ba-bä – ba-beu – ba-bei – ba-bau.*
- Üben Sie diese Vokalreihe weiter mit *– j –, – m –, – d – ...*

30 *Bei den erforderlichen Lauten stülpen Sie die Lippen stark nach vorn, ziehen Sie sie jedoch niemals breit. Damit die Zunge kein Hindernis beim Artikulieren bildet, legen Sie die Zungenspitze hinter die unteren Schneidezähne.*

Alle Artikulationsorgane im Zusammenspiel

Bei allen Artikulationsübungen werden Sie bemerken, wie schnell Sie Ihre Sprechwerkzeuge – Unterkiefer, Lippen, Zunge – bewegen müssen, um sauber und einwandfrei die verschiedenen Laute bilden zu können.

Kombinierte Artikulationsübungen:

- Beziehen Sie bei dieser Übung alle Sprechwerkzeuge mit ein. Trainieren Sie schnelle Bewegungen des Unterkiefers und achten Sie dabei auf die Öffnungsweite. Denken Sie an die Lippenstülpung und an den Zungenspitzenkontakt mit den unteren Schneidezähnen.

- Sprechen Sie mit Schnelligkeit folgende Silben, wobei Sie auf den Wechsel von stimmhaftem – *d* – zu stimmlosem – *t* – achten und den letzten, sich ändernden Vokal betonen: *da-la-da-to, da-la-da-tu, da-la-da-ta, da-la-da-te, da-la-da-ti, da-la-da-tö, da-la-da-tü, da-la-da-tä, da-la-da-teu, da-la-da-tei, da-la-da-tau.*

- Nun mit wechselnden stimmhaftem – *s* – und stimmlosem – *ß* –: *sa-sa-la-ßo, sa-sa-la-ßu, sa-sa-la-ßa, sa-sa-la-ße, sa-sa-la-ßi, sa-sa-la-ßö, sa-sa-la-ßü* ...

- Und zum Abschluss der Zungenbrecher *scha-pa-ta-lo, scha-pa-ta-lu, scha-pa-ta-la, scha-pa-ta-le, scha-pa-ta-li, scha-pa-ta-lö ...*

- *Professionelles Sprechen ist ganzkörperliches Sprechen.*
- *Basis jeder Lautäußerung ist die Tief- oder Vollatmung.*
- *Sprechen Sie immer in Ihrer physiologischen Sprechstimmlage. Finden Sie nach intensiven Lautäußerungen, bei denen Sie zwangsläufig etwas höher sprechen, wieder den unteren Bereich Ihrer Sprechstimmlage.*
- *Artikulieren Sie deutlich mit den drei Sprechwerkzeugen, indem Sie den Unterkiefer ausschöpfend bewegen, die Lippen nach vorn stülpen und die Zungenspitze hinter die unteren Schneidezähne legen.*

30 MINUTEN

Wie finden Sie Ihre Selbst-
sicherheit, noch bevor Sie die
„Höhle des Löwen" betreten?
Seite 70

Hätten Sie gerne in jeder
Situation eine verlässliche
Wirkungskontrolle?

Seite 74

Wie gestalten Sie einen sachlichen
Informationsvortrag zur lebendi-
gen, mitreißenden Präsentation?
Seite 75

5.   Die Arena gehört Ihnen

Nun sind Sie gewappnet für charismatische Auftritte und überzeugende Präsentationen, bei denen Sie stets die Wirkung erzielen, die Sie gerne hätten. Die Erfahrungen der bisherigen Übungen sind inzwischen in Ihrem Körpergedächtnis abgespeichert und stehen Ihnen in jeder Situation zur Verfügung. Wenden wir diese verlässlichen Techniken im Folgenden auf eine praktische Präsentationssituation an.

5.1 Vor der „Höhle des Löwen"

Noch bevor Sie irgendeine öffentliche Situation betreten – das kann eine Kundenveranstaltung, eine Büroeröffnung, eine Messe oder ein Kongress sein – nehmen Sie sich einen Moment Zeit für sich selbst. Ziehen Sie Ihre Aufmerksamkeit einige Sekunden lang von der Außenwelt ab, spüren Sie in sich hinein und nehmen Sie Kontakt mit sich und Ihrem Inneren auf.

Fühlen Sie als Erstes Ihr körperliches Zentrum – denken Sie an die Nuss, das wird Sie augenblicklich Ihr Zentrum finden lassen und Ihnen eine selbstsichere Ausstrahlung verleihen. Wenn die Aufregung Ihre Füße zu vielen tänzelnden Schrittchen zwingen möchte, geben Sie diesem Impuls nicht nach, denken Sie an Ihren Standpunkt und fühlen Sie sich fest mit dem Boden verwurzelt.

Zentrierte Ruheatmung

Wenden Sie die Tiefatmung an. Fühlen Sie den „Ring" um Ihre Gürtellinie und schicken Sie Ihren Atem dort hinein. Bei Nervosität, Hektik und Aufregung geht der Atem natürlicherweise nach oben. Wenn Sie Ihrem Körper aber den Befehl zur Tiefatmung geben, wird er das auf Grund der im Körpergedächtnis abgespeicherten Trainingserfahrung sofort umsetzen.

Sie ahmen damit eine Atmung nach, die Sie nutzen würden, wenn Sie sich im Zustand der Ausgeglichenheit und Ruhe befänden. Die gute Nachricht ist: Durch die Ruheatmung werden auch Sie selbst wieder ruhiger, weil Sie damit das Gefühl der Entspannung verbinden.

Die Kraft des „inneren Lächelns"

Nachdem Sie nun Ihren Körper bewusst spüren, zentriert stehen und entspannt atmen, nutzen Sie die erste Geste, die Menschen miteinander verbindet: das Lächeln. Der Verhaltensforscher Desmond Morris meint dazu: „Das Lächeln ist zweifellos die wichtigste, mitmenschlich-verbindende Geste, über die wir verfügen."

Das Lächeln bewirkt ein angenehmes Gefühl beim Gegenüber. Das zwischenmenschliche Miteinander wird angenehmer, freundlicher und entspannter. Natürlich werden Sie auch bei einem öffentlichen Auftritt von Ihrem Publikum positiver aufgenommen, wenn Sie ihm ein Lächeln schenken.

Keine Chance für Lampenfieber

Was für die anderen gilt, gilt auch für Sie selbst: Schenken Sie sich selbst ein Lächeln, lächeln Sie in sich hinein – und sofort sind Aufregung und Lampenfieber verflogen. Sie werden sich entspannen und gleichzeitig energetisch aufladen. Versuchen Sie einmal, in sich hineinzulächeln und gleichzeitig an etwas Negatives zu denken: Sie merken sicher, dass negative Gefühle und Selbstzweifel keine Chance haben.

Oft ist es nur eine kleine Entscheidung, statt eines muffeligen Gesichtsausdrucks ein kleines Lächeln aufzusetzen. Selbstverständlich ist hier kein künstliches, aufgesetztes Grinsen gemeint. Eher ein leichtes, unmerkliches Lächeln, das mehr in den Augen sitzt, als dass man die Mundwinkel auseinander zieht. Denken Sie einfach an etwas, auf das Sie sich freuen, etwas, das positive Gefühle in Ihnen auslöst. Diese innere Heiterkeit wird sich unweigerlich in Ihrer Mimik widerspiegeln.

Bleiben Sie bei Ihrer Tiefatmung, während Sie ein leichtes Lächeln auf Ihrem Gesicht entstehen lassen. Dann wird Ihre Ausstrahlung von sympathischer Entspanntheit geprägt sein.

Innere Vision

Nun müssen Sie an Ihrer inneren Einstellung arbeiten. Wie möchten Sie auf andere wirken? Was soll man nach der Begegnung mit Ihnen über Sie sagen? Wie klingt: „Tolle Erscheinung, ein wundervoller Mensch! Ich fühlte sofort Vertrauen, diese Zusammenarbeit wird sehr spannend." Oder aber: „Es war schon interessant, was sie gesagt hat, aber irgendwie habe ich ein ungutes Gefühl; ich werde mit ihr nicht so recht warm."

Die Kraft des Unterbewusstseins

Wenn Sie die erste Variante gewählt haben und charismatisch, souverän und interessant wirken möchten, müssen Sie dieses Bild von sich klar vor Ihrem inneren

Auge sehen. Mit Ihrer Ausstrahlung verhält es sich wie mit jedem Projekt: Es wird nur dann von Erfolg gekrönt sein, wenn Sie ein klares inneres Bild vom Ergebnis haben.

Visualisieren Sie, wie Sie mit Herz, Charme und Humor Ihre Mitmenschen überzeugen. Ihr Unterbewusstsein wird alles dafür tun, dass dieser Eindruck in der Realität auch tatsächlich entsteht. Denn paradoxerweise kann das Unterbewusstsein nicht unterscheiden, ob der Zielzustand, den Sie gerade vor Ihrem geistigen Auge visualisieren, jetzt oder erst in der Zukunft stattfindet.

Alles, was Sie Ihrem Unterbewusstsein präsentieren, nimmt es als absolute Realität wahr. Bekommt Ihr Unterbewusstsein also das Signal: Ich strahle Kompetenz, Warmherzigkeit und Vertrauen aus – so nimmt es das bereits als gegeben hin. Es wird nun alles daransetzen, dass dies in der Realität auch tatsächlich passiert.

Eine klare geistige Vision über Ihre Wirkung sieht Ihr Unterbewusstsein bereits als gegeben an. Visualisieren Sie klar vor Ihrem geistigen Auge, welche Qualitäten Sie ausstrahlen wollen und welchen Charakter Ihr Publikum in Ihnen erkennen soll. Ihr Unterbewusstsein wird daran arbeiten, diese Vision in die Realität umzusetzen.

5.2 Auf in den Kampf!

Im Telegrammstil noch einmal alle Komponenten, die einen gelungenen Auftritt garantieren: Noch bevor Sie die Bühne oder den Ort des Geschehens betreten,

- finden Sie Ihr körperliches Zentrum,
- denken Sie an die Nuss,
- atmen Sie tief in Bauch und Flanken hinein,
- nutzen Sie die erste mitmenschliche Geste: das Lächeln,
- haben Sie eine klare innere Vision von Ihrer gewünschten Wirkung,
- seien Sie sich bewusst über die Kraft Ihres Unterbewusstseins.

Die ersten Sekunden entscheiden

Denken Sie daran, dass wir bereits in den ersten Sekunden entscheiden, ob wir das Gegenüber interessant, glaubwürdig oder langweilig einstufen. In diesen ersten Sekunden unterliegen auch Sie diesem gnadenlosen Bewertungsmuster.

Dieser Druck löst verständlicherweise Unsicherheit und Lampenfieber aus. Achten Sie also besonders in den ersten Momenten auf die non-verbalen Signale, die Sie aussenden. Die imaginäre Nuss zwischen den Gesäßmuskeln bringt Sie in Ihr Zentrum und verleiht Ihnen gleich zu Beginn eine souveräne Wirkung. Damit sind die ersten Sekunden, die für Ihr charismatisches

Auftreten von zentraler Bedeutung sind, bereits geret-
tet.

Nur wer mitreißend wirkt, wird andere mitrei-
ßen

Erinnern Sie sich an die Leidenschaft zu Beginn Ihrer
Karriere. Erobern Sie sich dieses Gefühl zurück und
erlauben Sie sich keine Abstumpfung durch Wiederholungen und Routine. Sie sollten sehr darauf bedacht
sein, nicht einen einzigen Menschen nur eine Minute
lang zu langweilen.
Seien Sie dankbar und schätzen Sie den Aufwand, den
man betreibt, sowie die Zeit, die man sich nimmt, nur
um Ihnen zuzuhören.

*Die ersten Sekunden entscheiden. Konzentrieren
Sie sich also auf einen wirkungsvollen, aber unspektakulären Auftritt – Sie werden bewertet, noch
bevor Sie das erste Wort sagen. Denken Sie an die
Zauberworte Wertschätzung und Leidenschaft.*

5.3 Die Rede würzen

Nach dem gelungenen Auftritt wenden wir uns nun der
Präsentation selbst zu. Mit verschiedenen Gestaltungsmitteln können Sie Lebendigkeit in Ihren Vortrag bringen.

Reden ist hörbar gemachtes Denken

Denken Sie die Worte, die Sie sagen! Besonders bei sehr gut vorbereiteten Präsentationen besteht die Gefahr, dass uns die Gedanken vorauseilen, weiter, als wir mit unseren Worten noch sind. Dadurch wirkt der Redner unkonzentriert und es fällt schwer, ihm zuzuhören.

Wenn die Gedanken nicht mit den Worten übereinstimmen und der Redner innerlich immer schon beim nächsten Gedankengang ist, bleibt er oft mit der Stimme oben. Das bedeutet, er macht stimmlich keinen Punkt. Automatisch schaltet der Zuhörer nach einer Weile ab. Achten Sie also bitte darauf, am Satzende die Sprachmelodie nach unten zu führen.

Kleine Pannen, zum Beispiel ein Versprecher, ein Zwischenruf oder Schwierigkeiten mit der Technik, bringen so manchen Redner aus dem Konzept und lassen ihn den Faden verlieren. Er ärgert sich über sein Versagen und ist dadurch abgelenkt, gedanklich also nicht wirklich bei den Worten, die er gerade spricht. Eine wichtige Grundregel für jeden Bühnenschauspieler ist:

> Jede Panne sofort vergessen, sodass Gedanken und Worte wieder deckungsgleich sind.

Verbinden Sie immer Ihre Worte mit Ihrem Denken, galoppieren Sie mit Ihren Gedanken weder voraus, noch hängen Sie Vergangenem nach. Nur so kann der Zuhörer jeden Ihrer Gedanken auch nachvollziehen.

Mut zur Pause

Ist Ihnen eine Aussage besonders wichtig, setzen Sie danach bewusst eine Pause. Der Zuhörer hat dadurch die Chance, über Ihren Satz nachzudenken und ihm nachzuspüren. Die wenigsten Redner haben diesen Mut zur Pause. Doch Pausen sind wichtige Gestaltungsmittel einer jeden Rede.

Körpersprachlich können Sie diese Pausen durch eine gut gesetzte Geste unterstreichen. Damit die Pause nicht wie ein Loch oder Hänger wirkt, setzen Sie danach stimmlich wieder sehr bewusst ein.

Das Spiel mit Lautstärke und Geschwindigkeit

Zur interessanten Gestaltung Ihrer Rede spielt auch die variable Lautstärke Ihrer Stimme eine entscheidende Rolle. Sie können interessante Akzente setzen und wichtige Punkte unterstreichen, wenn Sie Ihren Redefluss mit besonders laut oder leise gesprochenen Stellen würzen. Leise Sätze sollten Sie jedoch gut mit der Bauchdecke abstützen und besonders deutlich artikulieren, sonst versteht man Sie in den hinteren Reihen nicht mehr.

Auch die Dynamik Ihrer Rede ist ein starkes sprachliches Gestaltungsmittel. Ziehen Sie an manchen Stellen die Geschwindigkeit etwas an und verlangsamen Sie an anderen Ihr Tempo. Damit bringen Sie Schwung in Ihren Vortrag.

Passende Betonungen

Mit richtig gesetzten Betonungen halten Sie die Spannung und erreichen immer wieder, Ihre Zuhörer für den Inhalt Ihrer Botschaft zu interessieren. In der alltäglichen Konversation betont jeder Mensch vollkommen richtig, da die Worte hundertprozentig mit den Gedanken übereinstimmen. Stellt man sich jedoch vor eine Gruppe, um dieser ein Thema zu präsentieren, betont man oft an völlig falschen Stellen oder überbetont einzelne Wörter.

Bitte betonen Sie wirklich nur die Worte, die zum Verstehen des jeweiligen Satzes wichtig sind. Es ist nicht nötig, Ihre Worte stimmlich auszuschmücken oder auszumalen. Das wirkt übertrieben und lenkt ab. Betonen Sie dagegen zu wenig, wirken Ihre Ausführungen langweilig und ermüdend.

Die ersten Sätze vorbereiten

Da das Wissen um die gnadenlose Bewertung in den ersten harten Sekunden Lampenfieber auslösen kann, legen Sie sich die ersten Sätze zurecht. Wenn Nervosität und Unsicherheit Ihnen für den Bruchteil einer Sekunde einen Blackout bescheren, werden Sie für diese Vorbereitung sehr dankbar sein. Für jeden Theaterschauspieler ist ein sorgfältig gelernter Text die Grundlage, um die ersten Minuten des Lampenfiebers zu meistern.

Noch einige Worte zum Lampenfieber

Lassen Sie sich von niemandem einreden, er könnte Ihnen zeigen, wie Sie Ihr Lampenfieber vollständig in den Griff bekommen. Selbst große Stars mit langjähriger Bühnen- und Kameraerfahrung leiden häufig noch heftig darunter. Der Unterschied vom erfahrenen Profi zum Laien ist allerdings, dass jener sich davon nicht aus der Fassung bringen lässt; im Gegenteil, der Profi nutzt diese kribbelnde Energie als einen gewissen Kick zum Erfolg.

Und Lampenfieber ist ja auch verständlich – wenn es Ihnen wichtig ist, dass Ihre wertvollen Inhalte von jedem im Raum verstanden werden, wenn Sie für Ihr Thema brennen und Ihre Zuhörer mitreißen wollen, wenn Sie an dem ausgeschriebenen Auftrag wirklich interessiert sind und Ihr Produkt Ihnen am Herzen liegt – dann kann Ihnen Ihr Vortrag oder das Gespräch nicht gleichgültig sein. Also werden Sie selbstverständlich Aufregung verspüren. Das macht die Sache eher reizvoll.

Ich habe in meiner Praxis als Coach schon manche Klienten erlebt, die bei ihrem Auftritt nur noch routiniert und glatt waren, Lampenfieber war ihnen fremd. Doch so war auch ihre Wirkung – da sie kein Sendungsbewusstsein hatten, erreichten sie niemanden. Die Zuhörer schalteten schnell ab.

Wehren Sie sich also nicht gegen Ihr Lampenfieber. Sie wissen: Alles, wogegen Sie sich wehren, das bleibt Ihnen. Nehmen Sie es an, nutzen Sie Ihre Aufregung und verwandeln Sie sie in freudige Spannung. Auf Grund der erlernten Techniken verfügen Sie über ein hohes Maß an Bewusstheit und über Möglichkeiten, Ihr „Instrument" so einzusetzen, dass Sie souverän und überzeugend wirken, auch wenn Sie im ersten Moment vielleicht innerlich noch etwas unsicher sind. Da diese Techniken Ihnen auch in schwierigen Situationen Selbstsicherheit geben, senkt sich ihr Lampenfieber nach wenigen Minuten von selbst.

- *Haben Sie Lust und Vergnügen daran, sich und Ihre Botschaft zu präsentieren. Sprechen Sie mit Leidenschaft, so reißen Sie jeden im Publikum mit. Denken Sie daran, nicht einen Menschen nur eine Minute zu langweilen. Das Thema interessant zu gestalten ist Ihre Verantwortung, nutzen Sie sie.*
- *Entscheiden Sie vor jedem Auftritt, wie Sie gerne auf Ihre Mitmenschen wirken möchten und bauen Sie auf die Kraft Ihres Unterbewusstseins.*
- *Während des Auftritts und der gesamten Präsentation bleibt stets ein Teil Ihrer Aufmerksamkeit bei Ihnen – bei Ihrem Körper, Ihrer Atmung, Ihrer Stimme und Ihren Ausführungen. Der andere Teil Ihrer Aufmerksamkeit gehört dem Raum und Ihren Zuhörern.*
- *Bringen Sie Lebendigkeit in Ihre Rede, würzen Sie sie mit verschiedenen Gestaltungsmitteln. Setzen Sie zum Beispiel mit bewusst gesetzten Pausen Akzente und variieren Sie Lautstärke und Geschwindigkeit Ihrer Rede.*
- *Betonen Sie die Worte, die zum Verständnis des Inhaltes notwendig sind. Vernetzen Sie*

Ihre Worte mit Ihren Gedanken und sprechen Sie mit Engagement, so finden Sie immer eine ganz natürliche Betonung.

- Schenken Sie jedem Menschen, der mit Ihnen in Kommunikation tritt, Wertschätzung – so ersparen Sie sich viele Konflikte bereits im Vorfeld. Wertschätzung für Ihr Gegenüber verleiht Ihnen eine sympathische, warmherzige Ausstrahlung. Nutzen Sie hierfür die erste mitmenschliche Geste: das Lächeln.

Nachwort

Nun verfügen Sie über einen großen Koffer mit Techniken und kleinen Tipps und Tricks, die Sie in die Lage versetzen, jederzeit selbstsicher aufzutreten und souverän zu überzeugen.

Setzen Sie die Übungen praktisch um und befolgen Sie auch in kritischen Situationen die gegebenen Hinweise, dann wird sich mit der Zeit auch Ihr Charisma des Seins erhöhen. Denn Sie verfügen nun über eine hohe Bewusstheit, was die Bewegungen Ihres Körpers und den Einsatz Ihrer Stimme betrifft. Damit ist Ihr „Instrument" hervorragend dafür vorbereitet, nicht nur Ihre intellektuellen Fähigkeiten, sondern auch Ihre innersten Gefühle und die Besonderheiten Ihres Wesens auszudrücken.

Nach einer Weile müssen Sie an diese Techniken nicht mehr bewusst denken, sie werden Ihnen zur zweiten Natur. Da Ihnen in jeder Situation umfassende Gestaltungsmöglichkeiten zur Verfügung stehen, wird sich niemand Ihrer souveränen und warmherzigen Ausstrahlung mehr entziehen können. Bereits vom ersten Augenblick an wird man Ihrer präsenten Erscheinung Aufmerksamkeit schenken und interessiert Ihren Ausführungen folgen, die Sie mit Charisma & Charme präsentieren.

Ich wünsche Ihnen gutes Gelingen und vor allem viel Spaß!

Adele Landauer

Fast Reader

1. Die Magie des ersten Augenblicks

Charisma des Seins, von den Griechen „Gnaden-geschenk" genannt, besitzen solche Menschen, die sich in völligem Einklang mit ihrem Denken, Fühlen und Handeln befinden.

Das Charisma des Tuns ist trainierbar. Hierfür kann man die Techniken und kleinen Tricks anwenden, die einen Schauspieler dazu befähigen, sein Publikum jeden Abend, unabhängig von der eigenen Befindlichkeit, aufs Neue zu faszinieren.

Das Charisma des Habens wird einem Menschen von außen, z.B. durch die Medien, zugebilligt, ohne dass er dieses Charisma von Natur aus tatsächlich besitzt.

Begegnen wir einem uns unbekannten Menschen, scannen wir ihn blitzschnell in Bruchteilen von Sekunden. Besonders achten wir auf Aussehen, Mimik, Gang, Geruch und Stimme.

30

- *Die drei verschiedenen Ebenen des Charismas (Sein, Tun und Haben) implizieren, dass Charisma sowohl ein Gnadengeschenk ist, als auch durch Bewusstheit und spezielle Übungen trainiert und mittels Ansehen und Medien erhöht werden kann.*
- *Für den ersten Eindruck gibt es keine zweite Chance: Bereits in den ersten Sekunden entscheiden wir, ob wir unser Gegenüber als sympathisch, vertrauenswürdig, inkompetent, uninteressant oder überzeugend bewerten. Das dominanteste Signal überstrahlt dabei alle anderen Signale und ist verantwortlich für den Gesamteindruck.*

2. Einheit von Körper, Seele und Geist

Menschen mit dem Charisma des Seins befinden sich im Einklang mit ihrem Denken, Fühlen und Handeln. Für Ihre charismatische Erscheinung ist demzufolge nicht nur die linke Gehirnhälfte, die für Intellekt und Rationalität steht, verantwortlich, sondern sehr stark auch die rechte Gehirnhälfte, die für Gefühle und Empathie zuständig ist. Treten Sie wieder mit Ihren Gefühlen in Verbindung, indem Sie sie zulassen und ausdrücken!

Erweitern Sie Ihre Wahrnehmungen. Nehmen Sie

Ihren Körper, den Raum, in dem Sie sich befinden, und die Sie umgebenden Gegenstände mit allen Sinnen wahr. Fühlen Sie sie mehr, als dass Sie sich Gedanken darüber machen.

Nehmen Sie auch Ihr Gegenüber ganzheitlich wahr und sehen Sie ihm direkt in die Augen, so erreichen Sie nicht nur seinen Verstand, sondern sein ganzes Wesen.

Beziehen Sie den ganzen Raum ein. Schauen Sie Ihre Zuhörer an verschiedenen Punkten im Raum an.

Um das Charisma des Seins zu erhöhen, ist es wichtig, Gefühle zuzulassen und auszudrücken, um eine harmonische Einheit von Denken, Fühlen und Handeln zu erreichen. Dazu müssen Sie Ihre Wahrnehmung erweitern und Ihre Sinne weit öffnen.

Nehmen Sie sich selbst, den Sie umgebenden Raum, Gegenstände, die Sie berühren und Ihr Gegenüber mit allen Sinnen wahr. Lösen Sie die Identifizierung mit dem Verstand, erfahren, spüren Sie dagegen mit allen Sinnen, fühlen Sie stärker, als dass Sie denken.

3. Das Geheimnis non-verbaler Kommunikation

Vergessen Sie alle Regeln und entwickeln Sie Ihre persönliche Körpersprache.

Das körperliche Zentrum eines jeden erwachsenen Menschen befindet sich im Beckenraum.

Die aufrechte Haltung, mit der wir Aufrichtigkeit, Authentizität und Harmonie ausstrahlen, hat ihr Zentrum in unserem Schwerpunkt. Dieser befindet sich bei allen erwachsenen Menschen im Beckenraum. Spannen Sie Ihre Gesäßmuskeln ein wenig an, so als würden Sie eine Haselnuss festhalten.

Jede Bewegung sollte einen konkreten Sinn haben und bis zu Ende ausgeführt werden.

Auch die Bewegung des Gehens sollte aus Ihrem körperlichen Zentrum heraus erfolgen. Lassen Sie sich von einer unsichtbaren Kraft aus Ihrem Schwerpunkt nach vorne ziehen.

Mithilfe der Nussmethode befindet sich die Körperspannung in Ihrem Zentrum. Das körperliche Zentrum bzw. der Schwerpunkt ist die Basis für eine authentische, zu Ihrer Persönlichkeit passende Körpersprache.

- **Ein fester, körperlicher Standpunkt signalisiert Ihren eindeutigen, mentalen Standpunkt.**
- **Wie ein Mensch steht und geht zeigt viel über sein Innenleben.**
- **Achten Sie auf eine synchrone Körpersprache. Werden beide Körperseiten beim Gestikulieren einbezogen, zeigt Ihr Körper, dass nicht nur Ihr Verstand, sondern auch Ihre Gefühle beim Reden beteiligt sind.**

- *Setzen Sie langsame, fließende Gesten. Die offene Geste wirkt einladend, während der Zeigefinger auf das Gegenüber unangenehm wirkt. Jede Geste, die Sie bewusst setzen, lassen Sie einen Moment stehen, bevor Sie sie wieder zurücknehmen oder durch eine andere ersetzen.*

4. Professionelles Sprechen

Die richtige Atmung, mit der Sie mühelos sprechen und jederzeit Selbstsicherheit und Gelassenheit ausstrahlen, ist die sogenannte Tiefatmung. Immer, wenn Sie schweigen oder in normaler Lautstärke reden, sollten Sie diese Atmung nutzen.

Wenn Sie in Ihrer natürlichen Sprechstimmlage sprechen, können Sie in jeder Situation ausdauernd, mühelos und kräftig reden und sich selbst vor stimmlichen Schädigungen schützen. Außerdem wirken Sie mit einer angenehm tiefen Stimme überzeugend, souverän und charismatisch.

Geben Sie sich nicht der Bequemlichkeit einerver- nuschelten Aussprache hin. Öffnen Sie Ihren Unterkiefer beim Bilden von Vokalen optimal und ausschöpfend, aber senken Sie ihn niemals aktiv. Bei den erforderlichen Lauten stülpen Sie die Lippen stark nach vorn, ziehen Sie sie jedoch niemals breit. *Damit die Zunge kein Hindernis beim Artikulieren bildet, legen Sie die Zungenspitze hinter die unteren Schneidezähne.*

- **Professionelles Sprechen ist ganzkörperliches Sprechen.**
- **Basis jeder Lautäußerung ist die Tief- oder Vollatmung.**
- **Sprechen Sie immer in Ihrer physiologischen Sprechstimmlage. Finden Sie nach intensiven Lautäußerungen, bei denen Sie zwangsläufig etwas höher sprechen, wieder den unteren Bereich Ihrer Sprechstimmlage.**
- **Artikulieren Sie deutlich mit den drei Sprechwerkzeugen, indem Sie den Unterkiefer ausschöpfend bewegen, die Lippen nach vorn stülpen und die Zungenspitze hinter die unteren Schneidezähne legen.**

5.   Die Arena gehört Ihnen

Eine klare geistige Vision über Ihre Wirkung sieht Ihr Unterbewusstsein bereits als gegeben an. Visualisieren Sie klar vor Ihrem geistigen Auge, welche Qualitäten Sie ausstrahlen wollen und welchen Charakter Ihr Publikum in Ihnen erkennen soll. Ihr Unterbewusstsein wird daran arbeiten, diese Vision in die Realität umzusetzen.

Die ersten Sekunden entscheiden. Konzentrieren Sie sich also auf einen wirkungsvollen, aber unspektakulären Auftritt – Sie werden bewertet, noch bevor Sie das erste Wort sagen. Denken Sie an die Zauberworte Wertschätzung und Leidenschaft. Verbinden Sie immer Ihre Worte mit Ihrem Denken, galoppieren Sie mit Ihren Gedanken weder voraus, noch hängen Sie Vergangenem nach. Nur so kann der Zuhörer jeden Ihrer Gedanken auch nachvollziehen.

- **Haben Sie Lust und Vergnügen daran, sich und Ihre Botschaft zu präsentieren. Sprechen Sie mit Leidenschaft, so reißen Sie jeden im Publikum mit. Denken Sie daran, nicht einen Menschen nur eine Minute zu langweilen. Das Thema interessant zu gestalten ist Ihre Verantwortung, nutzen Sie sie.**

- **Entscheiden Sie vor jedem Auftritt, wie Sie gerne auf Ihre Mitmenschen wirken möchten und bauen Sie auf die Kraft Ihres Unterbewusstseins.**

- **Während des Auftritts und der gesamten Präsentation bleibt stets ein Teil Ihrer Aufmerksamkeit bei Ihnen – bei Ihrem Körper, Ihrer Atmung, Ihrer Stimme und Ihren Ausführungen. Der andere Teil Ihrer Aufmerksamkeit gehört dem Raum und Ihren Zuhörern.**

30

- *Bringen Sie Lebendigkeit in Ihre Rede, würzen Sie sie mit verschiedenen Gestaltungsmitteln. Setzen Sie zum Beispiel mit bewusst gesetzten Pausen Akzente und variieren Sie Lautstärke und Geschwindigkeit Ihrer Rede.*
- *Betonen Sie die Worte, die zum Verständnis des Inhaltes notwendig sind. Vernetzen Sie Ihre Worte mit Ihren Gedanken und sprechen Sie mit Engagement, so finden Sie immer eine ganz natürliche Betonung.*
- *Schenken Sie jedem Menschen, der mit Ihnen in Kommunikation tritt, Wertschätzung – so ersparen Sie sich viele Konflikte bereits im Vorfeld. Wertschätzung für Ihr Gegenüber verleiht Ihnen eine sympathische, warmherzige Ausstrahlung. Nutzen Sie hierfür die erste mitmenschliche Geste: das Lächeln.*

Die Autorin

Adele Landauer ist eine bekannte Schauspielerin, die bereits sehr jung Bühnenrollen wie *Maria Stuart, Lady Milford, Medea, Iphigenie, Lady Macbeth* an führenden Theatern spielte. Danach folgten zahlreiche Rollen im Fernsehen, zum Beispiel in *Frankenberg, Unser Charly, Ein Fall für Zwei, Der Ermittler, Helicops, Die Kommissarin,* sowie in einigen Kinofilmen.

Als Schauspieldozentin gab sie ihr Wissen an ihre Schauspielschüler weiter und entwickelte Manage-Acting®, eine Art Schauspieltraining, zugeschnitten auf die Bedürfnisse des modernen Managements. Nach weiteren internationalen Ausbildungen ist sie seit vielen Jahren als Referentin, Autorin, Trainerin und Charisma-Coach in der Wirtschaft und Politik tätig.

Zu ihren Auftraggebern gehören viele deutsche und internationale Banken, Unternehmensberater, Finanzdienstleister, Werbeagenturen, Akademien, Microsoft, Siemens-Nixdorf, SAT1+Pro7/SevenOneMedia, Hubert Burda Media und der Axel Springer Verlag. Zudem ist sie Dozentin an der Managementschool St. Gallen. In Einzelcoachings trainiert sie Persönlichkeiten aller Berufsgruppen wie Unternehmer, Politiker, Ärzte, Verkäufer, Rechtsanwälte, Vorstände und deren AssistentInnen – jeden, der sich selbst, sein Produkt oder sein Unternehmen erfolgreich präsentieren will.

Zahlreiche Presseartikel sowie die TV-Sender NTV, N24, NDR und ARTE bezeichnen sie als Expertin des überzeugenden Auftritts und holen ihren professionellen Rat ein, wenn es um die Bewertung des öffentlichen Erscheinungsbildes populärer Politiker oder Wirtschaftsführer geht.

Von der Autorin ist bereits ein Buch zu diesem Thema im Econ-Verlag erschienen:

ManageActing – Die Kunst, selbstsicher aufzutreten, München, 2. Auflage 2002

ManageActing®

Die von Adele Landauer entwickelten Coachings und Seminare ManageActing® sind aufgebaut wie eine kurze Schauspielausbildung, zugeschnitten auf die aktuellen Bedürfnisse des modernen Managements. Jeder der Teilnehmer erhält das körperliche und stimmliche Rüstzug, das ihm hilft, sich und seine Botschaft jederzeit und optimal zu präsentieren und mit Herz und Humor zu überzeugen.

Sie können Adele Landauer in offenen Seminaren erleben oder sie für firmeninterne Seminare und lebendige Vorträge sowie für individuelle Einzelcoachings buchen:

www.manageacting.de
www.adele-landauer.de
Tel.: 030 - 707 65 996
Fax: 030 - 707 65 997

Stichwortregister

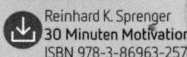

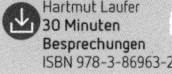